THE OLD
GARDEN

图书在版编目（CIP）数据

老花园 / 赵维民，郑伟，杨惠全编著. -- 天津：
天津古籍出版社，2017.1
（天津城市景观丛书 / 赵维民主编）
ISBN 978-7-5528-0372-3

Ⅰ. ①老… Ⅱ. ①赵… ②郑… ③杨… Ⅲ. ①花园—
天津市—图集 Ⅳ. ① K928.73-64

中国版本图书馆CIP数据核字（2015）第292361号

老花园

赵维民　郑　伟　杨惠全　编著
翻　译：李晓洁

出版人：张　玮
出版发行：天津古籍出版社（http://www.tjabc.net）
　　　　　天津市和平区西康路35号　邮编：300051
经　销：全国新华书店发行
印　刷：今晚报社印刷厂（天津市南开区南京路358号　邮编：300100）
版　次：2017年1月第1版　2017年1月第1次印刷
开　本：240×250mm　1/12
字　数：220千字
图　片：350张
印　张：20

前言

　　六百余年的历史变迁，让天津这座城市充满了独特的魅力与文化。自明代建卫以来，依托临近北京以及得天独厚的河、海、港的地理优势，这座城市迎来了漕运的兴盛和商业的繁荣。清代的粮仓和盐坨遍布运河两岸，与广州、上海共同成为当时的商业中心。清代晚期的洋务运动、近代工业的发源地以及新文化运动创造了无数的"近代之最"，"近代百年看天津"是城市地位的写照。从清末到民国，九个国家设立了租界，占到了全国租界数量的三分之一。这曾经屈辱的历史，也造就了一种中西合璧的文化交流史。新中国成立以后，天津作为最重要的工商业城市之一，继续书写着这座城市的辉煌。

　　一段段鲜明而举世闻名的历史，形成了天津独特的地域文化，从传统的码头文化、市商文化、民俗文化、贵族避世文化到工业文化与租界文化，林林总总地杂糅在一起。也让天津成为了"文化博览会""万国建筑博览会"，同时也是鲜为人知的"园林艺术博览会"。因为历史的变迁、城市的发展，很多在天津人记忆里留下过不可磨灭印记的花园，像一道道璀璨的流星，逐渐湮没于历史长河之中。但仍有很多依然陪伴着天津人的成长，见证着城市的发展。

　　生活在天津，我们可以从历史中去找寻运河边北方私家园林的典范，与苏州园林南北齐名的水西庄；可以在文字的记载中去感受水墨山水画般的诗情画意和造园技法的构思巧妙；更可以在现实中看到中式古典与西洋文化交流之中的庆王府。当你徜徉在假山、石桥、凉亭妆点的庭院中，陶醉于江南园林式的精致时，却又不经意间感动于欧式喷泉、雕塑、草坪的气质，也许只有此时才会理解原来只要是美的事物，无论文化来源，其实都是可以和谐交融的。同样，也找得到欧洲经典的法国花园和维多利亚花园，规则与自然相结合的造园手法，原汁原味的雕塑、凉亭、柱饰、花坛、修剪的树篱，无不述说着远隔重洋的异国文化。正是租界中公园的出现，才改变了中国传统皇家与私家园林向城市公共园林的转变。这种转变，将园林由身居高阁、孤芳自赏的权贵专属变成了一种新的市民生活方式，而这才仅仅用了一百余年的时间。

　　随着新中国的建立，公共园林如雨后春笋般焕发了勃勃生机。由荣园改造修缮而成，由毛泽东主席唯一题字的人民公园以及耳熟能详的水上公园、北宁公园、西沽公园等等，无不承载着天津市民儿时的记忆与温馨的回忆。从人民公园的假山、开屏的孔雀，儿童公园的秋千，北宁公园的长颈鹿、大象滑梯以及泛舟在水上公园的休闲与惬意到现在已经成为中国名片的广场舞、晨练的老人、各式的运动，公园已经成为城市当中最有活力的场所，它为高强度的城市生活提供了可以放松下来的空间，可以聆听自然、亲近生活的空间。健康生活的理念将会越来越深地影响着城市公园的建设与发展，而我们这座城市也会在不久的将来建设更多高品质的公园，更会有绿道来连接这些公园从而形成规模宏大的城市绿地。

　　一座座老花园，见证了天津城市发展的历史。它们不仅是中、西方园林艺术的博览会，而且也是记录天津市民生活方式变迁的博物馆。本书的编著团队正是力求挖掘这一段不那么为人熟知的记忆，以便拂去历史的微尘，将这座城市深厚的文化底蕴与内涵全面深刻地展示给我们。

Foreword

Translation by Xiaojie Li

An evolution of six hundred years in history has incarnated the city of Tianjin a unique charm and culture. Since the establishment of "Tianjin Guard" in Ming dynasty, she had been braced with the bloom of shipping industry and commercial prosperity, assisted by the geographical proximity to Beijing and regional advantages bestowed upon her of which being adjacent to rivers, sea and a harbor. During Qing dynasty, numerous rice depots and salt warehouses can be found everywhere on the banks of The Canal, entitled her as the commerce center along with Guangzhou and Shanghai. The Self-Strengthening Movement in late Qing dynasty, as well as the origination of modern industrialization and the New Culture Revolution have brought her numerous "top of the lists", which her ranking would be best illustrated by an assertion "Most Recent Hundred-Years History Telescoped by Tianjin". From the fall of Qing dynasty to the Republic China era, nine countries established their own concessions, accounting for one third of the total number of concessions in the nation. This once humiliated past had been converted into a history of cultural exchange which China was welded together with the western world. Since the founding of a new China, the city of Tianjin has been demonstrating her splendor relentlessly as one of the most vital places in industry and commerce.

Many pieces of characteristic and well known history have shaped Tianjin a unique geographical culture. From a style of traditional pier living to urbanization and trading, to folk custom, to royal reclusion, and finally to a style of industrialization and foreign concession, all of these melted together into one pot, cementing Tianjin as an expo of cultures and an expo of multi-national architectures, as well as an expo of horticultures and gardens, which is rarely known to the public. Due to the evolution in history and development of urbanization, many gardens once possessed unobliterated position in people's memory have faded away in history over time, much like those shooting stars in the sky. Nevertheless, there were still numerous gardens survived along with people's grown up in Tianjin and witnessed the growth of this city.

Living in Tianjin, we could trace the history to discover the example of northern style private garden by the canal, the West Canal Garden, as well known as the Suzhou style of southern garden. We could also read through the literature to sense the poetic and picturesque of a garden, which like a water ink painting, as well as the ingenious conception of skills to build a garden. Or we could appreciate Prince Qing Villa in real life, a Chinese classic mixed with western style. When you scroll through a garden dressed with rockery, stone bridge and pavilion, self-indulged to the exquisite of southern style garden, you might be touched inadvertently by the charm of European fountain, sculpture and open lawn. Only then you would be able to comprehend that all substance with beauty, regardless of its origin of culture, can actually be blended in harmony. Meanwhile, in European classic French Park and Victoria Park, you may also discover a building technique with rules and nature so finely integrated together, such as the authentic sculptures, pavilions, pillar ornaments, flower-beds and pruned bushes, all showcasing foreign culture travelled across the ocean. Thanks to the gardens in concession, a transformation was emerged from those traditionally reserved royal gardens and private villas to public parks. It only took a mere one hundred years before this conversion was completed from seclusion and self-appreciation privileged to the royal class to the beginning of a brand new life style by the citizen in Tianjin.

Since the founding of new China, public gardens have sprung to life. The People's Park, renovated from the Lush Botanic Garden and being the only one scripted by Chairman Mao, together those widely popular parks, such as Water Park, Beining Park and Xigu Park, have been carrying people's childhood memories and heartwarming recollections through ages. From all kinds of attractions like the rockery and tail-raising peacock in People's Park, swings in Children's Park, giraffe and elephant trunk slide in Beining Park, relaxing boat ride in Water Park, to public square dancing which nowadays became our country's name card, to elderly people morning exercises and various sports activities, public gardens have become the most dynamic venue in a city, affording people a space to relax in the midst of city's high demanding life, to listen to the nature's sound and to embrace a living of true life. The concept of a healthy living will gradually generate a more profound impact on building and expansion of public parks. Many premier parks will be built up in the near future within the city, followed by even more "green" belts to connect them together, creating huge green space for the city on enormous scale.

Those old gardens, one by another, had been witnessing the growth of Tianjin in history. They are not only an expo of horticultures and gardens in Chinese or western style, but also a museum of preserving the evolution of people's life style in Tianjin. A team of authors and editors of this book attempted to excavate one piece of memory obscured to the public, to dust off the debris in history so as to unfold insightfully a panorama of deep-rooted culture with abundant substance in front of us.

目录

01 中式传统花园

概述 / 02

清代前期 / 06
官署花园 / 06
张霖别业 / 08
帆斋与老夫村 / 09
七十二沽草堂 / 10
佟园与艳雪楼 / 10
依绿园 / 10
康园 / 11
沽水草堂 / 11
水西庄 / 12
浣花村 / 14

金氏别业 / 15

清代中期 / 16
枣香村 / 16
萧闲园 / 16
柳墅行宫 / 18
海河楼 / 20
思源庄 / 21
寓游园 / 21
一柳园 / 21

23 近代花园

概述 / 24

清代后期 / 28
人民公园 / 28

曹家花园 / 36
李公祠 / 43
中山公园 / 48
北宁公园 / 54

中华民国时期 / 68
李纯祠堂 / 68
张园 / 78
静园 / 80
庆王府 / 84

87 租界花园

概述 / 88

英国租界 / 92
维多利亚花园 / 92

义路金花园 / 106

久布利公园 / 107

皇后花园 / 110

法国租界 / 114

海大道花园 / 114

法国花园 / 114

德国租界 / 122

德国花园 / 122

日本租界 / 124

大和公园 / 124

俄国租界 / 134

俄国花园 / 134

意国租界 / 144

意国花园 / 144

151

新中国成立后的花园

概述 / 152

和平区 / 156

睦南公园 / 156

胜利公园 / 161

桂林路公园 / 162

儿童公园 / 163

河东区 / 164

第二工人文化宫 / 164

中山门公园 / 170

唐口公园 / 174

河西区 / 176

西南楼公园 / 176

儿童公园 / 180

佟楼公园 / 182

洞庭公园 / 185

河北区 / 188

金钢公园 / 188

王串场公园 / 194

红桥区 / 196

桃花园 / 196

西沽公园 / 200

南开区 / 206

南开公园 / 206

水上公园 / 210

219

后记

Contents

01
Traditional Chinese Style Gardens

Introduction / 02

Early Qing Dynasty Period / 06

Courthouse Garden / 06

Zhang Lin's Villa / 08

Sails Garden and Old Folks Garden / 09

"Seventy Two Swamps" Garden / 10

Tong Family Garden and Yanxue's Tower / 10

Green Ranch / 10

Kang Family Garden / 11

Hai River Villa / 11

West Canal Garden / 12

Spring Flower Garden / 14

Jin Family Villa / 15

Mid-Qing Dynasty Period / 16

Jujube Villa / 16

Relaxation Garden / 16

Willows Empire Palace / 18

Hai River Tower / 20

Ancestor Cemetery Garden / 21

Recreation Garden / 21

One Willow Villa / 21

23
Gardens in Modern Time

Introduction / 24

Late Qing Dynasty Period / 28

People's Park / 28

Cao Family Garden / 36

Viceroy Li Hongzhang Memorial Temple / 43

Zhongshan Park / 48

Beining Park / 54

Republic of China Period / 68

Li Chun Memorial Temple / 68

Zhang Biao's Villa / 78

Tranquility Garden / 80

Prince Qing Villa / 84

87
Parks in Concession

Introduction / 88

British Concession / 92

Victoria Park / 92

Elgin Garden / 106

Jubilee Park / 107

Queen's Park / 110

French Concession / 114

Rue de Dagu Park / 114

French Park / 114

German Concession / 122

German Park / 122

Japanese Concession / 124

Japanese Park / 124

Russian Concession / 134

Russian Park / 134

Italian Concession / 144

Italian Park / 144

151
Parks after founding of People's Republic of China

Introduction / 152

Heping District / 156

Munan Avenue Park / 156

Victory Park / 161

Guilin Road Park / 162

Children's Park / 163

Hedong District / 164

The Worker Culture Center II / 164

Zhongshanmen Park / 170

Tangkou Park / 174

Hexi District / 176

Xinanlou Park / 176

Children's Park / 180

Tonglou Park / 182

Dongting Road Park / 185

Hebei Park / 188

Jingang Bridge Park / 188

Wangchuanchang Park / 194

Hongqiao District / 196

Peach Blossom Park / 196

Xigu Park / 200

Nankai District / 206

Nankai Park / 206

Water Park / 210

219
Postscript

Translation by Xiaojie Li

中式传统花园
Traditional Chinese Style Gardens

概述

天津自明代设卫筑城以来，特别是在清代，曾先后出现过数十座可与江南私家园林相媲美的中式传统的花园别业。无论是其造园技法和艺术成就，还是它们所体现的人文风采和社会影响，都为清代天津的历史留下了浓墨重彩的一笔。

明代中期，卫城之内出现了天津历史上第一座真正意义上的花园——浣俗亭。明宣德年间（1426—1435），明政府在天津卫城设置了储存漕粮和军饷的"三仓"，即天津卫大运仓、天津左卫大盈仓和天津右卫广备仓。又于宣德十年（1435）在"三仓"以北设立了户部管仓分司，派遣户部主事监督仓储的收放，今天的人们耳熟能详的"户部街"便由此得名。

浣俗亭就坐落在户部分司的公署内，由户部郎中汪必东在正德十一年（1516）建造。汪必东还曾题有一首《浣俗亭》："十亩清池一堰台，病夫亲与剪蒿莱。泉通海汲应难涸，树带花移亦旋开。小借江南留客坐，远疑林下伴人来。方亭曲槛虽无补，也称繁曹浣俗埃。"可见，浣俗亭占地十亩，一池活水与河海相通，常年不涸。设计上借鉴了江南园林的手法，方亭、曲槛与花木相互掩映，古朴雅致，表达了宦海沉浮中洗去尘俗的寓意。

浣俗亭作为明代卫城内少有的花园，不仅是户部分司的胜景，而且也成为了天津地方官员会客、交流的场所。正德十四年（1519）八月，天津兵备副使吕盛与户曹郑士凤饮宴于浣俗亭。席间谈到前任兵备副使胡文璧未及完成的天津卫志，吕盛允诺补完，并最终定名为《天津三卫志》，付梓行世。据说书的刻板就保存在浣俗亭之中。

尽管浣俗亭已经达到了比较成熟的官署花园的阶段，但天津花园的大发展还是要等到有清一代。

随着清王朝的入主中原、定都北京，天津逐渐发展成为了漕运进京的枢纽和南北方货物的交流集散中心。特别是在康熙七年（1668）长芦巡盐御史从北京宣武门外改驻天津以及康熙十六年（1677）长芦盐运使司沧州分司迁入天津之后，清代前期的天津就注定要成就一批以长芦盐业起家的富商大族。这是因为清代盐政沿袭了明代世袭引窝的专商引岸制度，即盐商凭借引窝（运销食盐的凭据）向盐运衙门领取盐引，然后再依照盐引在指定产盐区购领食盐并贩往指定行盐地区销售。这一垄断性质的经营模式势必会制造出一批因盐而起的地方豪富；而作为长芦盐业中心的天津，也就理所当然地成为了盐商云集的大都会，形成了"津门之地本斥卤，第一生涯惟鹾贾"的局面。

盐商在天津发家致富以后，其资本的一个主要去向就是置办房产地业，这其中就包括了高大气派的豪宅和景色优美的园林，也就成为了清代中前期传统花园发达的主要因素。

事实上这一时期的花园别业基本上都是在津大盐商建造的。比如张霖的一亩园、问津园，安尚义、安岐父子的沽水草堂，查日乾、查为仁父子的水西庄。这些规模较大、构造奢华的花园都与盐商有着直接的关系。特别是在清代中期风光一时的皇家园林——柳墅行宫和海河楼，也都是众盐商一手打造的。此外，

曾经繁忙的运河旧景

诸如帆斋、老夫村、杞园、萧闲园、寓游园等别业也都与盐商有着千丝万缕的联系。

当然也有极少数花园与盐商豪富没有关系，比如康熙晚期的虚舟亭和问莲浦。虚舟亭坐落在天津卫城以南一里左右的地方，与海光寺相近，它的主人是著名的孝子宋真儒。宋真儒，字旧山，本江南芜湖人，后侨居天津。至亲去世以后，他在庐墓前守孝三年，终日痛哭不已。墓前池内有荷花，花开并蒂，人们都说是孝感所致。宋真儒在墓旁筑有一屋，取名"虚舟亭"。虚舟亭平桥曲榭，芦苇纷披，景致幽邃。特别是夏天荷花盛开之时，绕亭四望，灿若云锦。问莲浦位于天津城西一千米左右的地方，是由护城河水西流形成的一片池塘。这里遍植芙蕖、蒲荷、菱芡，并建有水榭、曲廊，供游人参观、休息、纳凉。特别是到了夏季，荷花盛开，若荡舟揽胜，风露生香，会令人精神愉悦，心情为之舒畅。不过，无论怎样，大盐商、大官僚建立的私家园林仍然是这一时期天津花园的主体。

清代中前期的天津传统花园大多分布在天津城东部、北部和西部与大河相近的地区，而这样的空间分布是与近代以前的天津城市格局以及造园手法密切相关的。

清代前期，由于漕运、盐业的发展，天津城城外，以三岔河口为中心的东北、西北和北部的沿河区域具有强大的经济优势，而且这种优势一直保持到了19世纪初。因此，这一时期的富家大族往往选择在经济发达、水陆交通便利的地区建造花园别业。这样做一方面是出于经济和社交便利的考虑，另一方面也是为了实现大河造景的初衷；而北运河、南运河、海河、金钟河以及众多河流、水塘旁就成了各家花园的首选之地。造园者或利用河流的内弯转曲处，或借大河为景，或开挖新渠以通故河，或利用原有水面造景。总之，临水是几乎所有天津花园最显著的特征，"水"这一重要元素被发挥得淋漓尽致。

不过，在清代中期以后，随着城市人口密度的增加，越来越多的花园开始主动或被动地离开"水"这一主体成景元素。造园者不再只着眼于河道及其走向，转而开始注重花园内外环境的设计与构思。比如乾隆年间建在老城里东门内的萧闲园以及乾隆末年建在东门外的寓游园，相对局促的客观条件迫使造园者思考如何处理花园的空间结构和景观布局。

除了造园选地的区别以外，清代中前期的传统花园在造园风格、花园规模、园内建筑以及花木配置等方面也有许多分别。一些私家花园在构造风格上秉承了传统的文人园林的特征，着眼于清新自然的田园景致的营造；而另一些私家园林则注重人工雕琢，追求细致入微的奢华效果。

就花园的占地规模而言，有些花园的面积很小，比如杞园只不过是天津城西北角内的一座小园，而童葵园的枣香村却占地数亩，查氏的水西庄则更是达到了百亩。

不同花园的园内建筑也有很大差异。有一些园林多以天然环境为基础构园，并在其中点缀少量的建筑，以便形成清新天然的野趣景致。而另一些花园中的建筑占了主要成份，数量多，工程量也大。除了数量、体量上的不同以外，建筑形式也千差万别。除了亭、台、堂以外，还有轩、舫、屋、庵、牌坊等。

在花木配置方面，每一座花园中都有素朴的原生植物和精致的人工栽植作物。瓜苗、豆叶、芦苇、径草、荷花、麦田、藤蔓、菰、蒲等植物比比皆是，使得私家花园内生机盎然，野趣十足。同时，随着园内花木配置的多样化，在保存原生植物的同时，园主们还会依据个人喜好在园内栽植心仪的植物作为点景，从而使得花园更具人文情怀。不过，有些花园的人工塑造的痕迹也变得日益突出，比如萧闲园中的种芋渠，就是明显在人工方池中种植荷花。

海棠和柳树是天津传统花园中最具特色的植物。海棠种植是我国古典园林中十分常见的造景手段。无论是故宫、颐和园、北海公园这样的皇家园林，还是亲王府第、名人故居，以至于江南的私家名园，海棠都是它们不可或缺的胜景。天津的传统花园中同样种植了许多海棠，诸如佟鋐的佟园、金领云的一柳园都以海棠著称，而柳墅行宫中设有海棠厅，艳雪楼的海棠更是堪称"销魂"。

大量种植柳树是天津传统园林的又一显著特色。因为地处大河、湖畔，因此柳树就成了一种重要的成景手段。诗文中记载的柳树的形象非常多，而柳墅行宫就是其典型的代表。

清代中前期的花园具有园主自娱游艺和社会群体交流两种主要功能。诗文唱酬与饮宴是传统文人社交的重要方式，也是清代中前期传统花园中主要的文化内容，而参与者往往是与园主关系密切的亲朋好友或文人名士，特别是不同园主之间往往具有十分亲密的关系。比如帆斋的主人张霆是遂闲堂主人张霖的从弟，而老夫村主人龙震则是他的挚友，七十二沽草堂的主人梁洪是他的妻弟。又比如水西庄的主人查日乾曾在张霖手下从事盐业，而他的长子查为仁的妻子金至元又是杞园主人金玉冈的妹妹，关系十分复杂。各位园主之间的游览、唱酬也十分频繁。他们或一日一聚，或十日一聚，或一二日即一聚，或连续日夜相聚。

觅题吟诗是这些富商、文人聚会时最主要的文化交流方式。他们以互相删校为乐，而其唱酬的作品也多辑录成册，传于后世。在诗歌交流的过程中，这些文人名士不仅留下了脍炙人口的宏篇佳作，而且阐发了各自的创作理论，从而打开了天津人的视野，促进了南北文化的交流。道光年间的学者郭师泰就曾在《津门古文所见录序》中评价说："大江南北知名之士聚集于斯者踵相接，津沽文名遂甲一郡，是鱼盐武健之乡，而为文物声明之地。"充分说明了这些大型传统花园对于天津文坛乃至天津文化的发展所起到的重要作用。

在唱酬吟咏之外，金石、书画的收藏与鉴赏同样是传统花园中重要的文化活动，而某些园主甚至辟出了专门的场地来进行这类学术交流活动。

除了日常的觞咏和学术交流，中式传统花园还是举办大型社交活动的理想场所；而像在水西庄举办的盛大游宴活动中，上至皇帝、大学士，下到布衣文人、方外贤士都可以不分阶层地参与到这些活动中去，诚为传统社会中的文化盛事。

— 中式传统花园 —

古典庭院中的海棠

　　这里还应特别注意的是，清代中前期的盐商虽然富可敌国，但在重农抑商的传统社会中，商人的地位总是不入流的，成为士人是被上流社会认可的重要一环。因此许多由盐业起家的豪富往往热心于与文人雅士相交流，并令其子孙向这些人学习，以便考取功名，改换门庭；相应地，大多数文人学士出于利益、爱好等多方面原因的考虑，也乐意与乡绅富豪打交道；而这些传统花园就成了他们不可或缺的交流场所。

清代前期

清代前期是天津中式传统花园最为发达的阶段，这一时期涌现出了众多形态各异、特色鲜明、质量上乘的传统园林。有一些堪称古代造园作品中的杰作，在历史上曾享有盛名，也令后人心驰神往。

官署花园

有清一代，天津的传统花园达到了空前繁荣的阶段，而官署花园依然是最早出现的形式。这其中最具代表性的便是环水楼和宜亭。

清康熙七年（1668），长芦盐院移驻天津，天津盐商便在卫河（南运河）北岸饷道衙门的旧址上修建了一座长芦盐院公署，而在院落的最后建起了一座雄伟的高楼，这便是坐落在河流潆绕之处、四面环水的环水楼。

环水楼建造得比较高，诗人沈俨曾有"百尺乌台俯碧湍"的感叹；正因如此，它的观景效果特别理想。嘉庆十年（1805）的进士蒋诗曾在《沽河杂咏》中说："环水楼高得大观，俯窥全郡此凭栏。眼光直到波臣舍，一望平畴分外宽。"登上此楼，向北可以远眺诸淀之水汇聚而成的北运河，向南可以亲临究豫诸水交汇合流的南运河，东南方向则为三岔河口，诸河归流入海，气势磅礴。

如果能在夜晚登上环水楼，那么就会有一番别样的情趣。巡盐御史顾琮在《环水楼记》中说："又或暝色入林，群动皆息，静夜月明，水天相逼，掩卷默坐，心神莹然。"这不失为一种人与自然身心交融的体验。

盐院公署后来成了三口通商大臣衙门，不久又变成了直隶总督天津行馆，而院落最后的环水楼却一直默默矗立着，直到20世纪二三十年代依然可以见到它的身影。

提起长芦盐院公署，就不能不说说绎志轩，许多人也将其视为一座官署花园，这恐怕是个误会。雍正二年（1724）二月，巡盐御史莽鹄立在济南留驻两个多月，长芦盐商便利用这个空闲时间修缮了长芦盐院公署。公署后本有一处满是荒草的射圃，若有人到此习射，则只能用苇席来遮风避日。因此，在此次修缮中，人们新建

南运河畔的环水楼遗址

了三楹小屋，并修筑了围墙。莽鹄立还将休息的南室题为"敬事堂"，取《论语》"敬事后食"之意，而将射圃室题为"绎志轩"，取《礼记》"射者各绎己志"的意思。由此可见，绎志轩本是射圃，也就是练习射箭的场所，而高凌雯在《天津县新志》中将其视为"政暇游憩之所"，显然是不合适的。

相比于浣俗亭、环水楼只对达官贵人开放的缺点，同为官署花园的宜亭却已经具有了公共花园的属性。它的设立者正是一位关心百姓疾苦的官员朱士杰。

朱士杰，字亶荎，汉军镶白旗人，廕生，康熙二十八年（1689）任天津道。为了继续办好前任天津道石天枢所创立的善政育黎堂，朱士杰带头捐献俸银，并最终筹得了二千余两白银，置田立租，

金华桥旁的环水楼遗址

作为育黎堂持续运转的经费。此举得到了众人的交口称赞。

任职期间，朱士杰在西门外演武厅的右月堤上修建了一座宜亭。亭子四周环植杨柳，供人消暑纳凉；到了秋天，商人们在园中布置菊花，招揽游人，开创了天津赏菊的先河。除了公益性的特点，宜亭的景色也十分优美，而其中的水景和芦苇是最为重要的景观。姜宸英在《宜亭》一诗中描绘道："不知秋远近，水色涨平芜。晒岸多渔网，浮舟来此庐。桥欹眠折苇，槛倒坐闲凫。落日宜亭上，寥寥吾辈俱。"表达了一种闲适、优雅的气质。佟钺的《秋日游津门之宜亭》中说："海接天津阔，云归大野浮。登楼一长望，风起荻花秋。"又展现了宜亭宏大的气魄。

金花桥与环水楼

张霖别业

清代康熙年间，津沽大地上出现了一位广建园林的官绅，他便是以盐业起家的张霖。张霖（1657—1713），字汝作，号鲁庵，又号卧松老衲，永平府抚宁县（今秦皇岛市）人。其父张明宇以长芦盐业起家，后定居在了天津。康熙二十年（1681），张霖以纳捐例贡的身份做了兵部车驾司郎中，不久又做了陕西驿传道。康熙三十四年（1695）任安徽按察使，三十七年（1698）迁福建布政使，又于三十九年（1700）迁任云南布政使署巡抚，旧历年末，因事被革职归家。

张霖天资过人，桀骜不驯，在诗词和古文创作方面颇有成就，徐世昌认为张霖实为天津诗学的开创者；而最令张霖蜚声津门的则是他建造别业园林、广交文人名士的盛举。

张霖生性慷慨，富于赀财。任部郎时，因母亲年迈而告归，修建了一座爱日堂。此后穷其一生建造了遂闲堂、一亩园、篆水楼、问津园，成就了津沽园林的第一次盛世。

在修建华美建筑的同时，张霖将大量的法书、名画充盈其间，并广邀大江南北的名人雅士觞咏游玩。一时名宿如姜宸英、赵执信、朱彝尊、梅文鼎、方苞、吴雯等人皆主其家，张霖都为他们提供了精美的馆舍和丰富的供应，终日饮酒赋诗。后来的人们将其与历史上著名的文人结社"月泉吟社"和"玉山草堂"相媲美。

在张霖所建的众多别业中，坐落在天津卫城城外东北部的遂闲堂大概是建造得比较早的，它是张霖在任兵部车驾司郎中时修建的。遂闲堂建成后不久，张霖便在其基础之上增建了垂虹榭、绿宜亭、红坠楼以及浣烟楼等诸多景观，形成了又一处著名的园林——一亩园。与其他的园林相类似，柳树、花卉、山石、华灯、涧泉、游鱼构成了一亩园的胜景。

篆水楼是张霖建造的离天津卫城最近的一处景观。它坐落在城外的东北角，毗邻老三岔河口，是当时的天津最热闹繁华的地方。张霖的好友赵执信、查曦，从弟张霆，次子张坦等人都曾登上此楼，并留下了许多诗篇。

根据诗人的描述，我们可以想见篆水楼的一些特色。首先是高，登上篆水楼，既可以远眺海河的美景，又能够俯瞰千家万户的袅袅炊烟。其次是临水，甚至是借海河为景，十分大气磅礴。此外，篆水楼采取了十分通透的设计，四面环窗，并装有围栏，从任何角度都可以欣赏津城壮丽的景色。而夜游篆水楼也是颇有情趣的，观者可以借助渔家灯火一览海河曲折的美景，更可以登高赏月，风雅十足。

在张霖的众多别业胜景中，问津园大约是最后建造的，却也是最为壮观的。根据《大清畿辅先哲传·张霆传》和《清代职官年表》的记载，张霖曾于康熙三十八年（1699）在福建布政使任上卸任归家，并于此时建造了享誉一时的问津园。问津园位于老三岔河口以东、锦衣卫桥旁的金钟河畔，大致相当于今河北区中山公园以南，锦衣卫桥大街北口至东六经路一带。

20 世纪二三十年代的锦衣卫桥

问津园树石葱蒨，亭榭疏旷，垂杨细柳，流水泛舟，建成之后迅速成为津门的一大胜景，众多的文人墨客到此处观光游玩，留下了大量的诗句，为我们想见问津园当年的风采提供了帮助。

水是问津园内非常重要的景观，大大小小的水面与曲折的河道不仅区别出了不同的景致，而且成为了沟通各处景观的桥梁。无论是在水面上荡舟摇橹，还是在略带残冰剩雪的初春河道中穿行，都是非常惬意的事。而水上的夜景也十分迷人，既可以欣赏渔人借月光撒网捕鱼，又可以独自一人悠闲垂钓，美不胜收。

问津园中的植物也是颇具特色的。首先便是无处不在的柳树，沈一揆曾有"到门无别树，一带尽垂杨"的诗句，足见张霖对柳树情有独钟。园中的古树也尤其出众，沈一揆的诗中又有"树根疑卧石"的描述，可见其在景观建构中的作用。此外，张霖对园内植物的选择也是十分讲究的。他曾亲手栽种松、竹、芍药、芙蕖等典雅的乔木和花卉，同时开拓了十亩桃李园，以供玩赏。

巧妙借景也是问津园重要的造园手段。张霖在水面上、小汀中建造了许多高大楼阁，登上后便可遥望海河、大野的雄伟风景，十分壮观。

康熙四十四年（1705），直隶巡抚李光地弹劾赋闲在家的张霖假称奉旨，贩卖私盐，牟取暴利达162万两白银。第二年，张霖被羁押入狱，家产被全部籍没，张氏别业从此衰败。

张家没落之后，亭馆荒凉，昔日的胜景逐渐被废弃。或许只有篆水楼还在，张霖的次子张坦还曾登楼感叹道："顷刻风云空聚散，谁家台榭半倾欹？须知潮落还潮上，未必东流无转时。"表达了一种愤懑而无奈的心情。直到19世纪下半叶，李庆辰在《津沽秋兴》一诗中还曾提到"晚色遥侵篆水楼"。

帆斋与老夫村

张霖的从弟张霔也有一处出名的别业，但它的风格却与其兄长有着很大的不同。

张霔（1659—1704），字念艺，一字艺史，号笨仙、笨山，又号帆史、秋水道人。十二岁时就能临写钟繇、"二王"的碑帖，十六岁时便以诗歌闻名。以廪贡生官内阁中书舍人，然而累试京兆不第，于是绝意进取，专心致力于诗。一生诗作飘忽清拔，不染尘氛，梅成栋认为他是天津诗人当中第一位能自成一家之人。著有《绿艳亭诗文稿》《弋虫轩诗》《欸乃书屋集》《秦游集》《帆斋逸稿》《读〈汉书〉绝句》《读〈晋书〉绝句》等著作。张霔的书法，得唐人张旭的神骨，古逸苍劲，人人以之为宝。天津城城内无量庵的匾额便是由他所写，从下过者，无不仰羡。

与其兄张霖张扬好客的性格形成巨大反差的是张霔孤逸的性情，他曾经不戴冠帽、拖着鞋行走于闹市街头，惹得那些所谓有身份的人都纷纷避让。尽管张氏家业鼎盛，宾客如云，但张霔只喜欢走访远离尘嚣的城外、郊野、道观、寺院，和一些闲云野鹤般的人物交往，而与龙震的友情最为深厚。

龙震（1657—1723），字文雷，一字在田，号东溟，天津人。性放旷，家虽巨富而不喜理财，有《玉红草堂集》三十卷。龙震为人豪毅机敏，踔厉风发，如干将、莫邪一般的利刃，所向无不立断，目光铄铄逼人，令人不可狎视，然其终生不得志。

龙震视张霔为"热场中冷人"，而张霔知龙震为"热肠冷眼"之人，因此二人虽然性格迥异，爱好也有很大不同，但依然能成为莫逆之交，终生不渝。

张霔的帆斋坐落在老三岔河口。根据龙震的回忆，张霔最初读书的地方名叫"欸乃书屋"，因此地离水很近，总能看到帆影，于是张霔就自号帆史，并将其书屋更名为帆斋了。

帆斋里面还有琴海堂、云厂、阅耕堂、茶圃、欸乃书屋、旧雨亭、蝶巢艳雪龛、诗星阁、卧松馆等景致。不过，总的来说帆斋只是一座村舍，没有丝毫的奢华与铺张。龙震的《雨中坐欸乃书屋二首》正好反映了这样的情况，诗中说："开窗疑在篷窗下，径草烟寒鸥一双""瓜花豆叶影参差，雨过斜阳未落时"，一派津城特有的运河边渔民生活的景象。

大约在18世纪初，也就是在龙震晚年，他自己在闸口下也建造了一座别业——老夫村，又称枣村，而自命其居室为"玉红草堂"。玉红草是传说中生长在昆仑山的神物，吃了它的果实，就会醉倒三百年。

老夫村是一座花木繁茂的花园别业。龙震在《老夫村诗》中说："晓色一园绿，凉吹疏雨过。亭幽花气聚，树静鸟声和。"而查曦的《老夫村消暑二首》中也提到："数声蛮语花间鸟，一片江涛树底风"，足见老夫村茂盛的树木带给人们的惬意享受。

七十二沽草堂

与张霆同时者，还有他的妻弟梁洪的七十二沽草堂。这座梁氏别墅坐落在天津城北门外不远处的锅店街（今红桥区估衣街一带），后门紧临着大河（南运河）。

梁洪（？—1717），字崇此，号芰梁，原为山西大同人，后补天津卫诸生。梁洪性情孤洁，不慕荣利，但才思敏捷，善书法，工诗词。他曾与友人讌集一夜，得诗数十首而无不风华掩映，也由此备受著名文人赵执信的推崇，后人将其与张霆、龙震一起视为津城诗教的源头。

梁洪与龙震、黄谦、大悲院的高僧世高以及香林院的道长王聪同为帆斋的契友，互相唱和，稿帙累累，著有《悦志堂诗草》和《啸竹轩诗草》。张霆曾作一首《草堂》诗，诗云："七十二沽之草堂，主人为谁梁芰梁。牵船岸上久已免，居人芜下今可忘。鸥影开门白皎皎，潮声卷帘青茫茫。高枕更何以自适，海思万里随风长。"此情此景，与张霆的帆斋有异曲同工之妙，充分展示了海河水带给天津传统园林的福祉。

佟园与艳雪楼

康熙年间，在天津城西的卫河（南运河）之滨出现了一座寄情山水的佟园，园中还矗立着一座闻名遐迩的艳雪楼。它们的主人就是诗人佟鋐。

佟鋐，字蔗村，号空谷山人，又号已而道人，汉军旗籍，长白人。其父佟延年曾于顺治年间历任河南布政使、甘肃巡抚等职。佟鋐的六个兄弟都有官职，而他本人也曾以国子监生的身份授通判，但他不愿到吏部应选，便迁居天津，在城西建造了一座佟园，并自题为"沧浪考槃"，意即大河之畔的隐逸之所，从此布衣葛屦，纵情于诗、酒、山水之间。

佟鋐为人非常重信义，为众人所称道。广东番禺人屈大均是明清之际的著名学者，曾因参与反清斗争，并且经常在著作中流露出反清情绪而为清政府查勘、禁毁。佟鋐与屈大均早有交情，他并不畏惧随时都可能爆发的风险，而且在屈大均去世后将其遗孤抚养长大，并为其娶妻成家，视如己出。

佟鋐是一位成就卓著的诗人。他早年学习苏轼、陆游等宋人的诗法，此后一变而呈现出了唐代大历、贞元年间刘长卿、韦应物的风格。后来的诗评家认为天津的诗坛没有能超过他的，足见佟鋐诗歌创作的水平之高。

赵艳雪是佟鋐的妾，不仅姿容出众，而且擅长吟咏。佟鋐专门为她筑造了一座艳雪楼，成为了一处别致的景观。

海棠是佟园和艳雪楼最值得赏玩的景致，梅成栋在《初五日王素园家看海棠》的诗注中说这里曾是天津一处有名的燕赏之地。即使是在艳雪楼被废弃之后，海棠依然是最美的，金玉冈在《过佟蔗村艳雪楼故居》中就曾有"艳雪犹名楼已废，海棠一树最销魂"的诗句。

《天津县志》成书于乾隆四年（1739），其中记载艳雪楼就已经"久圮，基址已失所在。"可见艳雪楼和佟园当废弃于雍正时期，但也从此在这里留下了佟家楼，或佟楼这样的地名。

依绿园

依绿园坐落在天津城东南十五里处，又称"王氏别墅"。据《莲坡诗话》的记载，查为仁曾邀请张霆之子张坦和佟鋐共同游览过依绿园。佟鋐还有两首诗留传到现在。一首是《游王氏依绿园》，诗中说："折简呼溪叟，携童上野航。闲情抛笔砚，老兴逐怀觞。短棹辞尘境，名园问醉乡。到门秋正好，花竹满轩廊。"另一首则是《游依绿园》："翛然林馆静，一水抱名园。坐有濠梁乐，门无车马喧。会心真不远，得意欲忘言。凭槛芦碕望，秋声飒飒繁。"

同时代的陈仪则作有《王氏别墅记》，记述了他久居王氏依绿园中的情景，文中提到："王氏别墅在天津东南十有五里，距大河数十步，风潮震夜，则汩没之声，崩屋撼枕也。四面无邻，土垣周缭可五亩许，茅屋十许间，轩窗疏豁，杂树数株，扶疏掩映。虽位置不适，而野趣自饶。主人以余爱竹，值一丛所憩东室外，风来瑟瑟作声。夏月取凉，夜坐不闻更漏，惟视星月为候，往往闻鬼声呜呜，村人曰：'狼耳'。"

通过以上这些记述，我们不难发现依绿园是一座毗邻海河、广植花竹、野趣十足的私家花园。它充满原始气息的竹林、水景吸引了众多喜欢亲近自然、体悟人生的文人名士前来探访。

康园

康熙年间，在天津城城外的东南角曾有一座康氏曲水园。它与护城河水相通，树柳掩映，宛如一派江南村落的风景。沈起麟在《康园水亭即事》一诗中描绘道："此中饶鼓吹，耳畔杂鸣蛙。辟径通流水，编篱护野花。嫩荷经雨涨，疏柳趁风斜。倘遂栖迟志，衡门自可家。"足见康氏园野趣俏皮、自然恬淡的风格。

雍正年间，康氏家族没落，将此园转让给了牛氏，遂称"牛氏园"，亦称"南溪"。易主以后，这里依然吸引着不少文人墨客前来游玩。查礼、金玉冈等名士都曾留下了诗篇。

查礼在《春日游牛氏园》中说："云薄酿春阴，名园近易寻。水禽鸣有族，野客坐无心。溪净浮罾影，墙低度梵音。小桥时独立，残照入深林。"金玉冈也曾有一首《来牛氏园》："长林丰草际，孤啸鸟呼群。树老逃绳墨，人闲坐水云。波光摇日落，秋色隔河分。向晚传清响，衰蝉断续闻。"可见，康氏园也好，牛氏园也罢，它们都是以田园的自然风光为主的花园，并没有太多人工雕琢的痕迹，这与清代文人亲近自然、崇尚随性的人文主义情怀是分不开的。

沽水草堂

清代前期有一座以收藏书画珍品见长的私家花园，那就是安尚义、安岐父子的沽水草堂。安尚义，字易之，本朝鲜人，后偶然成了权相明珠的家臣，入籍奉天，并替明珠在天津经营盐业，发展成了大盐商，并在天津定居。安尚义性情仁厚，乐善好施。康熙五十年（1711），天津发生了大灾荒，饥民载道。安尚义便在南门外设立粥厂，赈济灾民，持续了十余年，救活了无数人。雍正三年（1725），天津州的城墙和护城河均有损毁，于是在巡盐御史莽鹄立的题请下，安尚义和其子安岐捐巨款重建了天津城。

早在康熙四十七年（1708），安氏父子就在天津城东南六里的地方建造了一处别业，取名为"沽水草堂"。安岐（1683—1745？），字仪周，号麓村，是清代前期著名的书画收藏鉴赏家。他性情疏阔，志趣澹泊，一生只嗜好法书、名画，曾著有一部《墨缘汇观录》传世；而沽水草堂正是他庋藏金石、书画的所在，后人曾用元代的清閟阁和明代的天籁阁来与之相媲美。

康熙年间，明末清初的几位收藏大家相继辞世，这就为家资巨厚的安岐提供了便利条件。梅成栋说安岐曾"倾家"收藏项子京、梁清标和卞永誉的藏品。这其中就包括曾被清高宗皇帝收藏过、被誉为天津博物馆"镇馆之宝"的北宋范宽的《雪景寒林图》，张伯驹捐献给故宫博物院的西晋陆机的《平复帖》、唐代孙过庭的《书谱》和元代黄公望的《富春山居图》等众多艺术精品。

除了奇珍异宝，沽水草堂的景致也值得称道。一进门就能望见一大片蒲莲，园内有丰富的水阁台榭、高堂大屋。陈奕禧在《将之粤西道出津门麓村招饮沽水草堂赋赠诗》中说："曷来谷雨辰，名花酣露蕊。绣被堆锦围，欧白间魏紫。"各种名贵的花木竞相开放，争奇斗艳。

安岐晚年，家道中落，沽水草堂也随之被废弃。查礼曾在《过沽水草堂旧址诗》中说："当时选胜尽名流，过眼风花记旧游。""虫吟乱石苍烟合，鼠攧枯藤暮雨收。"昔日的繁华与今朝的荒凉形成了强烈的对比，令人唏嘘不已。

朱岷的《秋庄夜雨读书图》展现了水西庄当年的风貌

水西庄

在张霖别业没落二十年之后,在天津城城西又出现了一座典雅秀美的私家园林,这便是享誉津门的查氏水西庄。

查氏家族祖籍江西临川,后北迁至顺天府宛平县。查日乾(1667—1741),字天行,号慕园,十二岁时与母亲来到天津,后因其子孙有官位,便分占了宛平和天津两籍。查日乾性情耿介,料事如神,长于经商,终以盐务发家致富。

查日乾的长子查为仁(1695—1749),一名成甡,字心谷,号莲坡居士。康熙五十二年(1713),因受科场舞弊案的牵连,被囚八载。获释以后,查为仁被赐还了举人,但因经历了此番风波,从此便绝意仕途,不再做官。

当时在天津城城西五里的地方,有一处方圆百亩的土地。这里三面被大河环抱,南距大道半里左右,其间的榆、槐、柽、柳郁郁葱葱。查日乾、查为仁父子为此处水与树的胜景所吸引,便购置下来,建造了一座园林。因其地处卫河(南运河)以西,故命之曰"水西庄"。

水西庄始建于雍正元年(1723),后来又在其南、西、东三面分期扩建了屋南小筑、小水西和介园三处景观,前后历时近四十年。

初建水西庄时,查氏父子本着"因地布置,不加丹垩"的原则建造园林。他们垒石做山,挖土成池,砍伐软木建造房屋,并在周围环绕短墙;分别建造了数帆台、揽翠轩、绣野簃、枕溪廊、碧海浮螺亭、太湖石假山、藕香榭、泊月舫、课晴问雨、平冈、一犁春雨、澹宜书屋、竹间楼、香雨楼、水琴山画堂、琵琶池、古芸台、夜月廊、红板桥、斧劈石假山、南园门牌坊等众多的亭台楼榭。同时广植花木,蓄积图书,法书名画、金石彝鼎亦充牣其间。查为仁、查为义和查礼三兄弟在此读书,切劘诗文。

雍正十一年(1733),文渊阁大学士陈元龙作《水西庄记》,文中说:"亭台映发,池沼萦抱;竹木荫荟于檐阿,花卉缤纷于阶砌。其高可以眺,其卑可以憩也。津门之胜,于是乎毕揽于几席矣。"由此可以想见水西庄最初的壮丽。

水西庄的建筑可谓集传统私家造园之大成,亭、台、廊、榭、楼、轩、堂、馆、斋、庵、屋、舫、桥、坊等一应俱全,营造风格鉴奢崇朴;丘、岗、

— 中式传统花园 —

壑、池、溪、渠凿挖自然，分隔得体。造园构思巧妙，平冈、数帆台因高借远，枕溪廊、藕香榭凭水借景，泊月舫、一犁春雨遐想借虚。水西庄随势置景，开闭相宜，北临卫河，以数帆台为主山，以平冈为客山；南以一犁春雨为襟带，连贯枕溪廊、藕香榭、泊月舫、碧海浮螺亭和红板桥；中部地势平缓，设有揽翠轩，傍平冈脚下有绣野簃，空间布局起伏，错落有致。

乾隆四年（1739），查为仁在水西庄南侧建造了一处"屋南小筑"，以供其父查日乾颐养天年。此处地僻清幽，遁避世氛，不尚丹碧，立意高妙；分别建有晴午楼、小丹梯、送青轩、花香石、润之堂、玉兰亭、小憩舫、若槎读书廊、月明屟笛台、萱苏径、清机小舍、苔花馆、古香小茨、小眆谷、来蝶亭等景观。屋南小筑的建筑风格与水西庄基本一致，分观之则为园中之园，合观之便浑然一体。乾隆六年（1741），查日乾病故之后，屋南小筑就变成了查氏家族款待宾客的场所。

乾隆十二年（1747），查为仁又在水西庄的西侧建造了一座"小水西"，作为自己的养老之地。此处建筑更加追求自然意境，疏篱茅屋，绿竹荫檐，肃穆幽静。

20世纪30年代时为第三区第五派出所的芥园河神庙遗址

乾隆十三年（1748），也就是查为仁去世的前一年，清高宗皇帝第一次驻跸水西庄。十年之后，查为义（1700—1763）在水西庄以东修建了一座介园，盖取"一介之士"的意思。介园内建有歇山楼、琵琶池、夕阳亭、假山、拱形木板桥以及贯通水西庄的牌坊。乾隆三十五年（1770），为祈祷南运河不遭水患，查为仁的长子查善和在介园以东修建了一座河神庙。

道光二十七年（1847）田雪峰受天津府知府觉罗海瑛之托绘制的《水西庄修禊图》

曾安放于河神庙内的御碑亭

乾隆三十六年（1771），清高宗再次巡幸水西庄，驻跸介园，因其地春夏之际紫芥盛开而赐名"芥园"，并题御碑。乾隆三十八年（1773）和四十一年（1776），高宗又两次驻跸芥园。查氏家族和水西庄的荣耀达到了顶峰，同时也终结了自水西庄开创以来半个多世纪的兴盛局面。

随着以清王朝为代表的传统社会的衰败，查氏一族也走向了没落。查为仁的孙子查诚，诗酒自娱，有莲坡遗风，但其不事生产，家道中落，查家已无力支撑水西庄的维护与修缮。

嘉庆、道光年间，金文波曾捐银两千两对水西庄进行过修缮。天津的文人还经常来此地集会，而其中最著名的就是梅成栋组织的梅花诗社，颇有当年莲坡居士查为仁的风采。

咸丰三年（1853）和同治十二年（1873），南运河芥园大堤两次决口，水西庄两度被淹，基址日毁，楼阁就圮，台榭倾颓。河神庙里的僧人在芥园引泉种竹，开渠种蔬，查氏昔日的风采已荡然无存了。光绪四年（1878），长芦盐运使如山应寺僧深远的请求，重修了门宇。

光绪二十六年（1900），庚子事变爆发，芥园被军警占据。园内人畜践踏，草木全枯，仅剩假山屹立其中。光绪二十七年（1901），清政府在此设立了芥园水厂，又于光绪二十九年（1903）建立了罪犯习艺所。此后，又开办了北洋官办造纸厂、北洋火柴公司、聚丰米店、贫民小学校等，而昔日的水西庄仅剩下不足1.5万平方米。

浣花村

雍正后期，在水西庄对岸稍东、曾经的艳雪楼旁，遵化州知州杜甲建造了一座私家花园——浣花村。查礼曾作《寒食后五日杜禹门通守招饮浣花村晚归水西庄》，记述了浣花村的景色，诗中说："长河涨春流，杂树蔚新翠。草堂俯河浒，曲径深以邃。孤亭冀然张，盘踞得胜地。垂杨千百株，尽散黄金穗。娟娟红棠梨，欲吐还自媚。"汪沆在《津门杂事诗》中也说："门外河流燕尾叉，门前杨柳万行斜。拾遗分取云孙住，从此村呼小浣花。"从这两首诗的描绘中，我们不难看出浣花村面临大河，草堂建在河畔，俯瞰壮丽水景的场面。园中树木丛生，垂柳尤其出众；孤亭、曲径点缀其间，别有一番情趣。

道光十一年（1831）孙雨卿、陈靖和杨天壁绘制的水西庄暮春图

金氏别业

一般认为，建于雍正末年的杞园是金玉冈在其祖父金平的领南轩的基础上扩建而成的，但事实上这种说法并不准确。根据成书于乾隆四年（1739）的《天津县志》的记载，领南轩坐落在天津城城内的西北方向，为名山金氏的别业。所谓"名山金氏"，当指金大中，而金大中正是康熙年间从会稽来到天津的金平的长子。金大中，字驭东，号名山，天津人，河间府学生。其人性情豪迈，能急人所难，且工诗、古文，有《可亭集》四卷传世。金大中弟兄五人，相继在天津城西北角的城隍庙以东建房，比邻而居，形成了一大片住宅，而直至民国初年，这些房屋依然存在。

令金氏一族声名鹊起的还是金玉冈和他的杞园。金玉冈（1711—1773），字西崑，晚年改名舟，又改名介，因自号芥舟，晚号黄竹老人。其先世为浙江会稽人，祖父金平始迁居天津，并以盐业起家。当时便小筑园林，接待名士俊杰，大有遂闲堂张氏和于斯堂查氏的风雅。

金玉冈自幼性情高淡，沉渊于学，不求仕进。平素仰慕陶弘景和林逋的为人，不愿从事普通的产业，将家事都交与了兄弟，独自一人游历名山大川。不论南海、嘉峪关，还是西藏、长白山，都留下了他的足迹。金玉冈工诗善画，并且都能自成一家。他的山水画潇洒澹逸，峰峦天成，基本得自亲身的经历。诗歌创作清切新逸，平生所写两千余首，梅成栋将其整理成《黄竹山房诗钞》行于世。

金玉冈家住天津城内西北方向，有小园一座，内有老杞树一株，缘而上覆，故称之为"杞园"。园内有簷筠亭一座、黄竹一丛，故称其居室为"黄竹山房"。暇闲时，金玉冈亲自栽花累石，与三津地方名士相盘桓。他还畜养了一只鹤，每逢煮茗弹琴的时候，鹤便立于左右，如童子一般。

竹是杞园中的一大特色，特别是在月明人静的夜里，那一丛黄竹带来的幽怨声令人感叹。杞园中还有一潭池水，也成为了不可或缺的景致。

在杞园的黄竹山房旁还建有一座西园，它的主人是金玉冈的外甥查昌业。查昌业，字立功，号次斋，又号松亭，原籍海宁，后定居天津，建造了西园和园中的林于馆。金玉冈曾作《新开松户与西园通赠松亭》，诗中说："松户初开曲径新，两园春作一园春。各携酒盏诗囊过，互向花间作主人。"展现了两园景色相互呼应的奇妙景观。

清代中期

清代中期以后，随着盐商势力的衰落，新兴的大型私家园林式的花园已很难再见，取而代之的则是在城市居民密集区内或附近建造的中小型私家花园，堪称近代城市花园的雏形；而皇家园林的昙花一现也俨然成了大型园林的殿军。

枣香村

乾隆初年，童葵园在天津城南五里买下数亩良田，建造了一处别业——枣香村，又称作"南庄"，大约就在今天天津市水务局一带。此外，他还在枣香村内建起了一座闲闲斋，终日写诗吟诵，并结集成了一部《闲闲集》。

枣香村以自然景色为主，牛琳曾作《枣香村》一诗，其中提到："闲共鹭丝分畔立，移时听取水田声"；蒋诗在《沽河杂咏》中也说："水田声里疑无路，枣熟花香又一村"；可见天然的水田景色成就了枣香村的别致风光。

萧闲园

清代乾嘉时期，在今天的南开区新安购物广场一带，曾有一座别致的私人花园——杨秉钺的萧闲园。

杨秉钺是山西永济人，自幼家贫，因其叔父在天津为富商牛氏打理盐务而来投奔。牛氏让杨秉钺在自己的小钱庄里当学徒，因为他勤快、慎重，颇受掌柜的器重。一次，杨秉钺拿着凭据到为躲债而逃到海边的一家人那里讨要欠银，对方提出五日内偿还，到期后果然偿还了五百金，但面带愁容，而且杨秉钺听到屋里有哭声。再三询问下，才知道这笔钱是卖女儿才凑上的，女儿要走，才如此悲伤。杨秉钺得知之后，立即把钱又给了他们，让其把女儿赎回来，并当场毁了借据。回来后，杨秉钺谎称钱丢在了路上。他的叔父知道实情后，并没有责备他，而是让他离开这里。富商牛氏听说以后，对杨秉钺大加赞赏，还出钱让他去经商，杨秉钺很快就成了巨富。

乾隆二十七年（1762），杨秉钺在天津老城里东门内大街和二道街之间建起了一座大宅子，并将其中的花园取名为"萧闲园"，意即"消闲"二字，人称"杨家花园"。

萧闲园中的亭阁、花木极为繁盛，东院中有幽兰谷、寄旷亭、蹑丹坪、抱膝石、暖翠岩，西院中有观鱼池、紫筠径、宿云洞、倚云廊、入室峰、种艿渠、澄怀堂等众多景观。在西院的倚云廊和东院的回廊里还镶嵌着各种法书碑刻。因其将花园建筑在人口稠密的老城里，所以萧闲园就有了几分闹中取静的意味，同时也颇有江南私家园林的风采。

— 中式传统花园 —

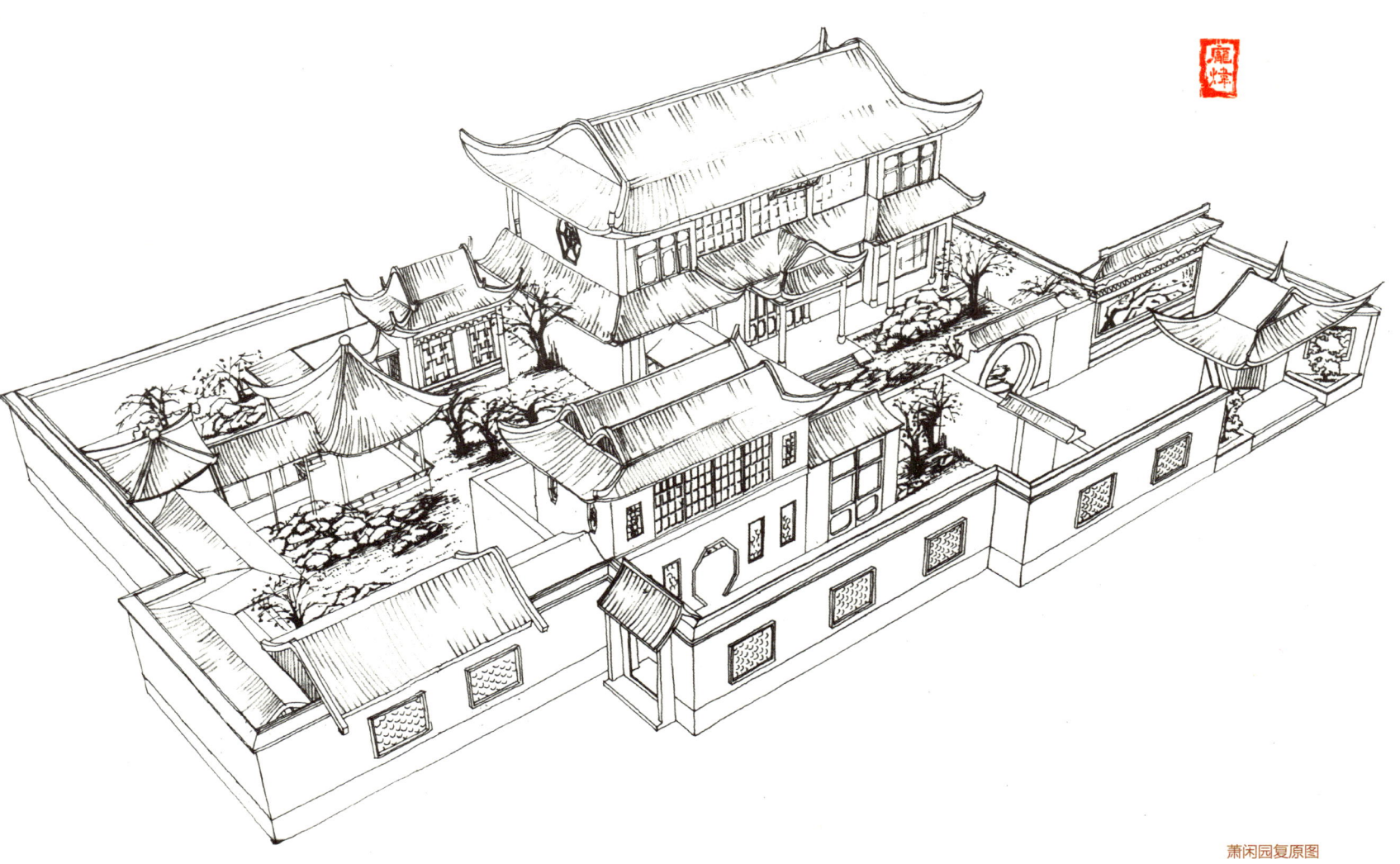

萧闲园复原图

不过好景不长，咸丰年间，杨秉钺家道衰落，萧闲园易主问津书院，并作为往来天津讲学之人的下榻处，遂更名为"问津行馆"。光绪五年（1879），问津行馆又改成了管理电报通讯的官电总局，即天津南北洋电报局。光绪三十年（1904），这里又成立了天津电话总局。电话总局迁走后，此处便成了老城里的居民区，而曾经的萧闲园也就荡然无存了。

柳墅行宫

乾隆三十年（1765），经巡盐御史高诚奏准，长芦盐商在天津城南门外的海河东岸捐资建造了一座皇帝巡幸驻跸的行宫。因其四周广植柳树，故又称为"柳墅行宫"。

关于柳墅行宫的具体位置，根据刊刻于道光二十六年（1846）的《津门保甲图说》的记载，行宫西北部接旧唐家口，东南临田家庄，西南面临海河，河对岸西南方向为小王庄和梁家庄，田家庄东南则为大直沽。有人认为田家庄就在曾经的河东热电厂一带，因此当年的柳墅行宫应坐落在今河东区六纬路与十二经路至十四经路之间临近海河的区域内。

根据《长芦盐法志》的记载，柳墅行宫内，宫墙、甬道、内外朝房、殿阁亭台、溪桥山石以及林木花卉、鹤鹿禽鱼，无所不备，一应俱全。行宫的外宫门西向，内宫殿南向，并设有沿河牌楼一座，东面御题"柳墅"，西面御题"瀛津"。

行宫有大宫门一座，三间。宫门外，左右朝房六间，南北朝房六间，辇房五间，轿房五间，陈器库五间，外膳房十五间。二宫门一座三间，御题石屏（在二宫门前），军机处房三间，左右朝房六间，穿厅三间。正宫门一座三间，左右值房十八间。垂花门一座，左右值房六间。

御题"偕乐堂"的前大殿五间，左右游廊二十八间，过堂游廊三间，耳房一间。御题"播醇斋"的内殿五间，左右游廊二十二间，耳房二间，左右过堂游廊六间。照殿七间，左右游廊十八间。

内宫两层，共十五间。左右游廊六间，耳房二间，穿堂游廊四间。内值房共七间，左右游廊二间，左右耳房三间。东首有佛楼一座，上下六间，西洋式戏台一座，左右游廊十间，过堂游廊三间。御题"海棠厅"的内殿三间，左右游廊十三间，过堂游廊六间，照厅三间。御题"校签室"的内殿三间。大殿以西有戏殿三间，左右游廊二十间，过堂游廊三间。有大戏台一座，后场三间。

后殿两层十间，左右游廊十五间，过堂游廊三间，前后值房共十五间，前后清茶房八间，前后照房十间，左右耳房两间。

东苑平台有曲尺楼一座，楼下厂厅五间。临池顺山厅三间，游廊六间，穿亭一间。临池歇山厅三间，方亭一座，船式房四间。籐萝厅三间。宫墙门一座，御题柳径碑一座。

南苑有山亭一座，临河房三间。六方亭一座，御题横桥碑一座。南所厅三间，册页房一间，平房二间，三面游廊共二十四间。御座楼上下六间，折叠游廊六间，穿亭一间。芍药厅三间，游廊八间。临池厅三间，御座船一只，水手房二间。御题曲池碑一座。东首有阿哥书房三层，共九间，照房共十五间，游廊共二十四间，耳房共三间。

高宗皇帝曾于乾隆三十二年（1767）、三十五年（1770）、三十六年（1771）、三十八年（1773）、四十一年（1776）、五十三年（1788）、五十五年（1790）和五十九年（1794）八次巡幸驻跸柳墅行宫，并有御书联语十五幅、御题石刻十六屏、御制诗六十四首，同时颁存了一部《古今图书集成》和众多商鼎周彝的古器物，足见其对柳墅行宫的重视与喜爱。

作为一座建立在天津的行宫，除了皇家宫殿所特有的庄严与雄浑

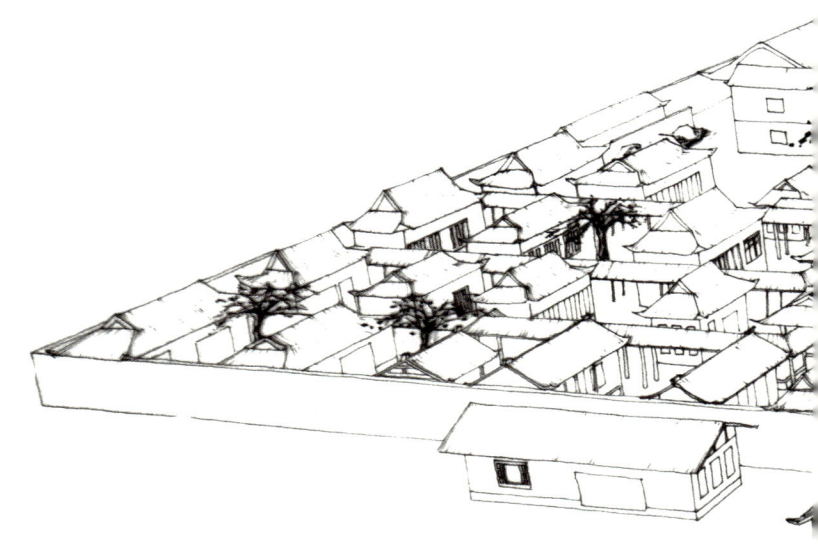

― 中式传统花园 ―

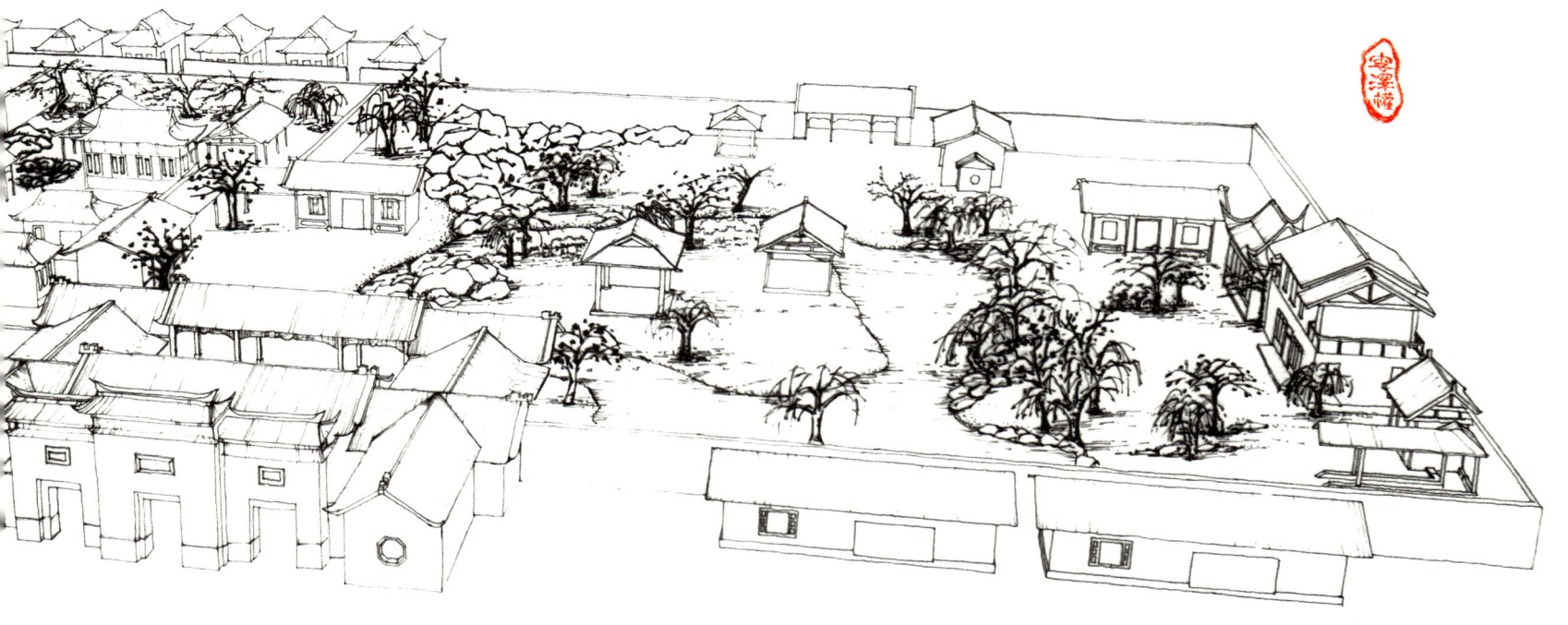

柳墅行宫复原图

之外，柳墅行宫还具有十分别致的景色。

既称"柳墅行宫"，那么柳树便是它最突出的地方，而"多"就是其中最显著的特色。行宫周围、书斋前后、小路两旁都栽种了柳树，难怪高宗皇帝不无感慨地说："柳墅由来柳最多，入门循径窣婆娑""柳墅真看柳树多，绿丝夹径胃娑娑"，足见柳树在行宫中的重要地位和作用。柳树之外，海棠也是行宫中重要的景观。柳墅行宫中本就设有一座海棠厅，而屋舍周围美而不艳的海棠盛开时，它们的风韵就会远远胜过桃李的芬芳。

除了特色花木以外，水景也是柳墅行宫值得关注的地方。行宫坐落在海河岸边，关于用水，具有得天独厚的优势。建造者将海河水从墙外引进宫内，然后形成了特有的曲池，并在水面上安置了朱栏木桥。

有趣的是，由于池水与海河相贯通，每当夜晚海河涨潮时，池水也会上涨，并形成桥面下降的错觉，颇为有趣。

高宗皇帝利用柳墅行宫宴请、赏赐众盐商，以达到安抚和控制的目的，而盐商利用与皇帝交流的机会，攫取更多的特权，以便赚取更多的利润，因此众盐商在盐臣的率领下不断对行宫进行整理和修缮。

嘉庆五年（1800），长芦盐政那苏图曾率众盐商对柳墅行宫进行了查勘整修。嘉庆六年（1801），天津遭遇了严重的水灾，海河沿岸的柳墅行宫、海河楼、皇船坞以及众多民舍都出现了墙垣断裂、房屋倒塌的现象。于是众家盐商请求用公捐支付修缮的费用。

然而，随着清王朝的没落，盛极一时的柳墅行宫逐渐被废弃。道光二十六年（1846）奉裁变卖以后，它的基址也难以找寻了。

嘉庆十二年（1816）英国使节阿美士德的随员绘制的海河楼外景

海河楼

乾隆三十八年（1773），长芦盐商在三岔河口北岸、崇禧观（即道观香林苑）以东的地方捐资建造了一座临河建筑，高宗皇帝御题名曰"海河楼"。之所以要建造这座海河楼，就是为了在高宗皇帝巡幸津沽、拈香各庙的时候，将其作为一处进茶膳的地方。

海河楼共有房屋一百五十二间，亭、池、廊、庑、台、榭、树、石略备。其中大宫门三间，高台房三间，叠楼游廊二十三间，游廊五间，平台五间，穿厅三间，小旁楼三间，穿厅北游廊三十间，东游廊六间，船式房五间，方亭一间，御题海河楼五间，西游廊五间，二宫门四间，楠木房三间，御座房三间，东游廊三十一间，南游廊四间，两捲房十间。海河楼临河为楼，檐宇峻嶷，既可俯瞰流波，又可遥望海色。

像柳墅行宫一样，嘉庆五年（1800），长芦盐政那苏图也曾率领众盐商对海河楼进行过修缮。嘉庆六年（1801），天津遭遇水灾时，海河楼也受到了很大的影响，同样利用公捐进行了修复。

随着嘉庆以后皇帝不再巡幸天津，海河楼也终因年久失修而最后导致了废圮。

咸丰八年（1858）三月，英法联军从大沽口入侵天津，敌人的炮艇沿海河直抵天津城下。五月，英、法、美、俄四国公使逼迫清政府签订了《天津条约》。咸丰十年（1860）七月，英法联军再次攻陷大沽口炮台，并于七月初八（8月24日）占领了天津城。海河楼及其附近地区被法国人占领，改建成了西洋式的天主教堂。因其地处海河楼的旧址，所以当地居民依然用"河楼"来称呼它。

同治九年（1870）五月，天津教案爆发。天主教堂和法国领事馆被愤怒的天津民众放火烧毁，只剩下了断壁残垣。此后，该地准备改建成医院善堂却一直未能如愿，空闲了三十年之久。光绪二十七年

（1901），《辛丑条约》签订以后，原属海河楼的这片空地仍旧划给了法国人，他们又在此处建立了一座新的教堂，也就是今天的望海楼教堂。

思源庄

张霖在任职兵部车驾司郎中后不久便回到原籍抚宁安顿其母亲的丧事了。守孝其间，他还建造了一座墓园——思源庄。

康熙四十五年（1706），张霖因贩卖私盐而被劾入狱，张氏一族从此败落。直到乾隆年间，张霖的曾孙张映辰，十九岁便游历吴楚之间，备尝艰辛，后得到方苞的重视和支持。回津后，整理家族旧业，再立宗祠、修葺书院、赡养族党，从而使张氏一族逐渐恢复、兴旺起来。

门祚复兴以后，为了表示不忘先祖，张映辰在问津园旧址的附近建造了一座墓园，并沿用了抚宁老家祖茔的名字，称之为"思源庄"。

思源庄建成之后，就吸引了众多文人名士到此集会，赋诗唱酬，颇有几分当年遂闲堂的遗风。他们或是怀念张氏先人曾经的辉煌，或是感叹思源庄当下的秀美，同时也留下了许多动情的诗篇，为我们今天能一窥思源庄的风貌提供了一些线索。比如张湘的《题思源庄》："暮卷珠帘暑气收，临河亭子坐来幽。照人一片空明水，风满垂杨月满楼。"康尧衢的《同友人春过思源庄》："扑面拂晴丝，河桥四望时。润田云度垄，灌圃水穿篱。鱼戏牵菱蔓，莺啼上柳枝。川原无限好，缓步过来迟。"和《思源庄》一诗："芍药池南柳色边，小桥横锁墓门烟。几时不到思源望，细雨春深种麦田。"再比如沈峻的《张氏思源庄》："绕舍清溪接渚田，豆棚瓜架绿芊绵。村童抱瓮朝行汲，渔父抛罾午泊船。一径落花啼鸟下，四檐密叶网虫悬。绳床默坐炉香袅，帘外人过望若仙。"以及《张氏思源庄即景（四首）》："门前溪水碧于油，夹岸垂杨系钓舟。麦气花香寻不见，随风吹过小桥头。""闲庭寂寂只书声，不卷湘帘冰簟横。睡起茶香清泌骨，又凭曲槛听流莺。""郊原雨足麦油油，长夏江村只是秋。何处垂杨堪系马，锦衣桥畔酒家楼。""数株烟柳受风多，半亩方塘绕芰荷。何处临流吹短笛，锦衣桥畔挂鱼蓑。"这些诗歌都无一例外地展现了思源庄清雅秀丽、自然恬静的田园风光。

清朝末年，直隶总督袁世凯在思源庄以北规划建造劝业会场。为了征用土地，他曾要求张氏一族迁出思源庄。当时的族长张裕增以祖墓已历经二百年，不可发棺暴骨为由，四处奔走哀号，甚至以死抗争，终于使思源庄得以保全，直到20世纪30年代。

寓游园

清代乾隆晚期，因盐业起家的李承鸿在天津城城东建造了一座规模较大的私家花园——寓游园，又被称为"小水西"。李承鸿，字云亭，号秋帆，浙江山阴人，业盐来津，遂定居于此。

李承鸿不仅是盐商，更是耽诗好客之人，他在自家园中延揽名士，广交学人，著名的诗人康尧衢就长期寓居于此。李氏还与郝仁、金铨、吴人骥等人结社联吟，提倡风雅，盛极一时，俨然成为了继遂闲堂张氏和水西庄查氏之后又一处文人雅集的胜地。

寓游园内有半舫轩、听月楼、枣香书屋等十景，津沽文士多有诗作吟咏其景致。李承鸿本人也有《咏园十景》等多篇诗赋，其《构寓游园成同人以十景诗见贻赋此为答》中说："删草开三径，成园未许宽。故山遥寄兴，异地老追欢。花柳天然合，回环地势难。何期来妙咏，为我壮奇观。"展现了寓游园独特的灵秀气质与迂回萦绕的造园手法。

一柳园

嘉庆年间，诗人梅成栋的内兄金领云曾在水西庄的东侧建造过一座一柳园，而他也正是建筑杞园的金玉冈的后人。一柳园以茂盛的柳树著称，陈珍曾在《夏日游一柳园艳雪楼水西庄》中说："雨过堤边长绿芜，骅骝嘶嘶角声呼。柳阴满地夕阳晚，一幅春郊牧马图。"柳树之外，一柳园的海棠盛如紫云，颇具特色。梅成栋在《一柳园赏海棠作》中说："人与落红闲不语，西阳影里蝶飞来。"陈珍也曾提到："花本无心风解意，向人吹得十分香。"足见一柳园海棠的盛与美。

近代花园
Gardens in Modern Time

概述

19世纪前期，地处河海枢纽的北方重镇、京师门户——天津已发展成为在政治、军事上具有重要地位，经济发达、文化繁荣的大都会。与此同时，随着西方列强势力的不断侵入，天津也同全中国一样，被逐渐卷入到世界经济的洪流之中了。

咸丰十年（1860），根据《北京条约》的规定，天津开埠，从此开启了天津近代化的大门。天津从京师的附属地位逐渐发展成为了沟通中外、贯穿南北的外贸型工商业城市和华北地区的经济中心，成为了联系国内传统经济和资本主义世界市场的纽带。就经济增长方式而言，天津已从过去以漕运、盐业为主的经济模式逐步转变为多元的经济增长模式，票号、商帮、洋商买办逐渐发展壮大，城市居民也逐步近代化。

在天津城市近代化的大背景下，那些曾经促成传统花园别业繁荣辉煌的条件一去不复返了。无论是政府、官绅、豪富、仕人，还是普通百姓，所有人的生活方式都在发生着改变。因此，这一时期建造的近代花园呈现出了不同于以往的新面貌。

近代以来，在天津中心城区修建的真正意义上的传统花园只有两座，且都建于近代早期，一座是遁园，另一座是荣园。遁园是清文宗"顾命八大臣"之一的焦祐瀛在辛酉政变之后，下野归家建造的。焦祐瀛，字桂樵，直隶天津人。道光十九年（1839）举人，曾任光禄寺少卿、太仆寺卿等，后因肃顺的失败而没落。遁园坐落在天津旧城东北五里的锦衣卫桥以西的金钟河故道旁。取名"遁园"，意喻遁逃流散之意，语出《书·大诰》："予惟以尔庶邦于伐殷，遁播臣。"遁园建成以后，焦祐瀛以"遁播臣"自命，过起了隐逸的生活。他在遁园中筑亭建房，栽植花木，喂养鱼虫。每逢花晨月夕，则常常宴请宾朋，饮酒赋诗，悠然自得。荣园，也就是后来的天津人家喻户晓的人民公园，建造于同治二年（1863），堪称传统花园的殿军。它的建造者是天津的大盐商李春城及其后人，这也是近代天津唯一一座承袭清代传统、由盐商修建的花园别业，而且保留至今，也不失为传统文化的一笔宝贵财富。

20世纪初，在天津河北新区出现了三座近代意义上的大型花园，或称公园，而它们都与袁世凯在天津推行新政有关。光绪二十八年（1902），袁世凯担任直隶总督兼北洋大臣，开始在直隶总督府东北方向规划新区，推行新政。先后建立了河北新车站（即今天的北站）、大经路（即中山路）、劝业会场和种植园；而后两者正是两座大型花园，也是今天中山公园和北宁公园的前身。与此同时，洋行买办孙仲英也在袁世凯颁布《河北新开市场章程》和《开发河北新市场变通现行新章》之后，在新开河畔修建了孙家花园，也就是后来的曹家花园。

公园是源自于西方的产物，与讲求精雅、寓情、内省的中国私家花园不同，它是普通百姓消遣和娱乐的场所，并配有教育、娱乐、运动等多种设施，引导民众接受文明健康的生活方式。天津的公园最早出现在租界中，而中国人自己修建的公园最早的就要属劝业会场和种植园了。

— 近代花园 —

张勋花园

20世纪初，直隶总督任上的袁世凯在天津创办了工艺总局和工程总局等新型机构，其目的在于振兴天津的经济，而这些新机构的所在地——河北新区也就相应地成为了自主型近代城市的中心。

光绪三十一年（1905），北洋政府开始建造劝业会场，而袁世凯正是这座公园的"总规划师"。他要求公园要区别于租界花园仅能供人游玩的性质，反而要考虑在园中建立与学业、实业有关的设施。在袁世凯看来，公园不仅是城市现代化的必备要素，而且是一处重要的教育空间。因此，这座新建的公园被命名为"劝业会场"，而且设立了陈列馆、译学馆以及图书馆。

继劝业会场之后，袁世凯又以促进天津农业发展为目的，委派周学熙建立了种植园。园内挖湖堆山，设闸理水，广植花木和经济作物，并设立了直隶农事第一试验场、农艺研究会所以及气象观测站，充分体现了公园要有教育、实业功能的理念。

然而，从实际效果来看，这两座地处河北新区的公园，不论离华人的生活密集区还是经济活跃区都很远，众多近代生活生产设施事实上并没有在大多数天津居民的视野之内。公园内展示的艺术、工业和卫生方面的展品，与大多数天津人的关系并不大，因此没有实现当初设想的效果。

短暂的新政结束以后，随之而来的是民国初年的动荡与混战，北洋政府无力也不愿再主持大型公园的建设。前清的遗老遗少、军阀政客、富商大族一窝蜂地购地建房，在20世纪一二十年代修建了大量的花园与宅邸相结合的花园别墅，形成了天津特有的建筑风情。诸如张勋花园、张园、静园、庆王府、黎元洪别墅、冯国璋别墅、袁乃宽别墅、潘复别墅、梁启超饮冰室、杨家花园、蔡家花园等均诞生于此时。这些建筑在风格上中西杂糅，灵活多样，并且出于政治或商业交往上的考虑会部分地对外开放。

租界中的花园别墅多呈现出中西合璧的造园风格。草坪、喷水池、花钵、西式花架等西式景致颇为常见，而太湖石假山、仿古凉亭、金鱼池、荷花池等中式元素也并不落伍，更有在进门处的西式喷泉水池中立一座气势宏大的太湖石假山的作法，在当时看来也是非常奇特的。华界中的私家花园因为缺少了周边环境的影响则往往采用比较纯粹的中式风格，通常都建有戏楼，而且大都以奢华取胜。

张勋花园位于德租界俱乐部街（今浦口道），东北临台儿庄路，西南至江苏路，东南抵浦口道，占地面积1.67万平方米，建筑面积5632平方米。

张勋（1854—1923），字绍轩，江西奉新人。初为广西提督苏元春的参将，甲午战争时，随四川提督宋庆调驻奉天，后随袁世凯到山东镇压义和团。光绪二十七年（1901）以后调至北京，宿卫端门，多次担任慈禧皇太后和德宗皇帝的扈从。武昌起义之后，张勋奉令镇守南京。虽兵败退守徐州，但仍被授予了江苏巡抚兼两江总督、南洋大臣的职务。袁世凯任北洋政府大总统后，张勋将所部改称为"武卫前军"，驻扎在兖州，表示效忠清室，禁止部卒剪去发辫，故被称作"辫帅"。二次革命中，因攻克南京有功，遂升任江苏督军、长江巡阅使，移驻徐州。1917年，张勋借黎元洪与段祺瑞府院之争之机，率兵入京，拥护溥仪，短暂复辟，自封议政大臣兼直隶总督、北洋大臣。旋即被段祺瑞击败，逃入荷兰使馆，后蛰居天津，病逝。

张勋花园本系前清王室所有，于光绪二十五年（1899）由德国建筑师罗克格设计而成，张勋于20世纪初购得。花园的主体建筑是左右相连的两栋双层外廊式别墅。左侧的是住宅，右侧的则是会客厅。

花园位于别墅的东南侧，院内有一座六角凉亭，中间有荷花池、石桥、亭阁。进门有一座横卧如虎的假山，后院则有一座长龙造型的假山，假山由太湖石堆砌而成。此后，虎山被拆除，龙山完好地保留到了今天，气势依然壮观。

张勋去世以后，花园别墅被卖给了盐业银行。1936年，又转售给了天津商检局。新中国成立以后，张勋花园依然为天津商检局的所在地。

蔡家花园坐落在今河北区东北起月纬路，西南至日纬路，东南临四马路，西北抵五马路的区域内，占地面积约2万平方米，此后的第一金属制品厂和善邻里即是其旧址。

蔡家花园的主人是曾任北洋政府陆军总长的蔡成勋。蔡成勋（1871—1946），字虎臣，天津人，光绪二十六年（1900）毕业于天津北洋武备学堂，宣统三年（1911）任浙江第四十一混成协协统。1914年任第一师师长，后为南方征讨军第七军军长。冯国璋代理大总统时，任察哈尔都督。1920年任北洋政府陆军总长。1922年任江西督军。1924年12月直系军阀失败后，蔡成勋被赣南镇守使方本仁驱黜，回到天津寓居。

蔡家花园的周围环绕着高大的院墙，四角还建有碉楼。正门在日纬路上，即第一金属制品厂的大门，侧门在五马路上。蔡家花园的东北部是花园，西南部则是宅院。宅院又分为东北和西南两道院。东北院由家眷居住，建有祖先堂、客厅、居室和饭厅。西南院则由蔡成勋本人使用，中央建有大厅，两旁则是办公室、会客室、书房以及卧室。两院之间建有精巧的柱式长画廊。

宅院建筑的主体为砖木结构，四梁八柱，磨砖对缝，雕梁画栋，十分讲究。大厅和主要房间的顶棚都镶嵌有装饰着各种花纹、仙鹤图案的天花板，地板均为水磨石地面。外檐上端为油漆彩画和花式雕刻，典雅而豪华。

蔡家花园的东北部是一座仿照江南园林造园技艺的中式花园。太湖石堆叠的假山、仿古凉亭、珍稀花木、金鱼池和荷花池被巧妙地设置其中，景色十分优美。园内还备有各种球类设施，以供娱乐。

后来，蔡家花园几经变故，成了国民党第五十一军的军法处和拘留所。从此，蔡家花园被大加改造，以至面目全非。1937年7月，天津被日寇占领。蔡家花园西南部的宅院被改建成了北洋株式会社的军工厂。1938年，又建成了北洋铁丝厂。东北部的花园则被日本人田中改建成了十排住宅，名曰"善邻里"，供日本在津家属居住。

抗战胜利以后，蔡家花园又变成了国民党的军用铁丝网厂。新中国成立以后，改成了天津联合网厂，后又更名为"天津第一金属制品厂"。第一金属制品厂搬迁后，蔡家花园旧址遂成为了天津美院现代美术学院的新校区。

出于广大城市居民休闲生活的考虑，同样是在这一时期，在日租

— 近代花园 —

界和德租界的区域里还出现了三处公共娱乐场所，即大罗天、陶园游艺场和张园。这三处游玩之地在开业之后总是人声鼎沸，通宵达旦。

大罗天游艺场坐落在日租界宫岛街（今鞍山道）与明石街（今山西路）交口的西侧，对面就是张园。最初由广东商人何伯英创建，1917年卖给了前清天津海关道蔡绍基，蔡绍基又委托给广东同乡崔星五经营。"大罗天"本是道教术语，意指天外之天、无限之天，而大罗天正是一座包罗万象的花园式综合性游艺场。

大罗天的正门是一扇对开的银色铁栅栏门，两侧各有一根明柱，上面架着红绿相间的牌坊；明柱的顶端各有一尊一米多高的陶瓷制和合二仙。进门迎面是一座影壁，上有一尊广州佛山石湾窑烧制的刘海戏金蟾坐像，浅蓝色与红色釉参差，略带紫色。这在当时的国内是绝无仅有的瓷器，格外地引人入胜。影壁后是假山和水池，山上有一座睫巢亭和一处天女散花台。假山后则是栖佛阁，其中陈列着精细的陶瓷八仙，神态逼真，古色古香。园内有一座面向东北方向的戏台，规模不大，但梅兰芳、杨小楼、程砚秋、尚小云、谭富英等名角儿都在这里演出过。此外，大罗天中还设有露天电影场、杂耍剧院、台球房、饭店、小卖部等。有时园中会燃放焰火，在鹿圃和野兽间，饲养有鹿、狼、熊、猴等动物，以此来吸引游客。园内的空地上还放置有藤椅、长椅或木凳，供人饮茶、休息。总之，大罗天游艺场真可谓五花八门，热闹非常，曾有"进了大罗天，死了也心甘"的俗谚。众多的朝野名流、军政要人、巨商富贾都曾到此娱乐消遣。

1925年以后，大罗天杂耍剧院停业，一些来自南市华楼、估衣街、东门外的古玩小摊贩，互相联络，共同租赁该剧场。大罗天经理看出有利可图，遂因陋就简地开设了大罗天古玩市场。大罗天古玩市场从成立之日起到七七事变之前是极盛时期。1944年春，古玩市场的商户有的迁往了劝业场五楼，有的去了天祥市场二楼，有的把货底送到了天明市场，大罗天古玩市场从此终结。

陶园坐落在今天新华中学的位置，据说是清末民国的著名人士陶湘的私家花园。陶园始建于1917年，园内繁花似锦，景色秀丽。每到夏季，陶家便把花园租给商户办游艺场。游艺场演出曲艺、放映电影、

大罗天大门旧影

燃放焰火，并备有各种茶点和西式菜肴，同时还主打十大特色娱乐项目来招揽游客，其中包括秋千、弹子房、套圈以及珍禽异兽展、变戏法和魔术表演等，而最受欢迎的还是放盒子灯。盒子灯灯内共有七八层内容，一层一种变化，如八仙过海、草船借箭等，全部放完需要十多分钟，广告曾宣传说："一经燃放，呈现楼台、亭阁、人物、禽兽，惟妙惟肖。"因为这种盒子灯造价较高，还要有大的场地去燃放，普通家庭都没有这样的条件，因此都会到陶园去看，很受欢迎。

1930年，陶家和承租商之间发生了一些纠葛，一气之下，陶家便将游艺场无偿交给了政府承办，再也不愿租给承租商了。当年便由特一区官办，营业收入拨给了医院和学校，以造福百姓。后因陶家举家迁往上海，陶园遂改成了圣功女中，也就是新华中学的前身。

北伐胜利以后，天津特别市成立。1930年，继南京国民政府颁布《首都计划》和上海特别市政府制定《大上海计划》之后，天津特别市政府也提出了一个《天津特别市物质建设方案》。其中就包括了由梁思成和张锐两位先生提出的建设公园系统的构想，但终因国民政府内部的派系斗争和外部频发的战事而搁浅。

1937年，七七事变爆发，天津近代花园的建造从此没落，许多大型公园都遭到了日寇的破坏。抗战胜利以后，保留下来的花园在国民党的腐朽统治下也不可能得到应有的恢复和修缮。直到新中国成立以后，天津的花园才又迎来了新生。

清代后期

人民公园

在今天的琼州道、广东路、徽州道与厦门路之间有一座天津人民耳熟能详的大型花园——人民公园，而它也正是天津中式传统花园的收山之作。

人民公园最早被称作"荣园"，始建于清同治二年（1863），是由"李善人"家族的创始人李春城建造的。李氏家族祖籍江苏昆山，清康熙年间北迁天津卫，居住在北门内户部街，后生活条件较好的一支迁到了二道街东头的冰窖胡同，传至李春城时发迹。李春城，字筑香，举咸丰元年（1851）孝廉方正，官至刑部河南司兼管直隶督催所事务。他亦官亦商，继承了父亲李文照的瑞昌号盐店，通过十年的经营便跻身于天津盐商的前列，并逐步成为早期天津"八大家"中的一位。同治元年（1862）以后，李春城离官居家，从此大做善事，曾开办过寄生所、御寒所、义塾等慈善机构，名满津门，遂有"李善人"的美誉。李春城的长子李士铭秉承父志，继续创办保生社、救生会、施医局和戒烟所等慈善机构，并捐资修建了文昌祠和千福寺。"李善人"家家资巨富，在老城里冰窖胡同、北马路、东马路、河北大经路、天纬路、地纬路以及今天的睦南道、建设路、曲阜道等地有房产1200余所。1924年，李家为躲避军阀的敲诈，迁往租界散居。20世纪20年代末，李春城之孙、"宝"字辈的弟兄十人分家，显赫一时的"李善人"家族从此风光不再。

早在明末清初的时候，在天津东南方向有五个相邻的村庄：小刘庄、小滑庄、东楼村、西楼村和贺家口，统称为"五村"。17世纪中期，清兵入关，跑马圈地，强占了五村的土地。广大农民顷刻间变成了清朝权贵的佃户，要向替这些权贵收租的代理人——揽头、皇粮庄头交租赋，而事实上，随着时间的流逝，这些揽头也就成了这些土地真正的主人了。同治初年，李春城就花钱买下了五村揽头的差事，也就掌握了这片土地。于是，在同治二年（1863）建起了一座占地面积18万平方米的私家花园——荣园。

荣园周围建有花墙，园中盖有大厅、前廊、后厦及月台，园东南角盖有藏经阁；园内还设有鹿囿、鹤笼、猴山和孔雀房等。曲水回环，亭桥点缀假山之间，塔影映于波光之中，大体是仿照西湖园林而设计，颇似江南风光。建园后，每当春秋佳日，李氏家族的人便来此游览消遣；而每年的端午节、中元节和中秋节分别对外开放一次，任人游览。李家也常以此园为"都人士所游集地"自诩，但大多数的普通百姓只能望园兴叹，无缘入内。

光绪二十六年（1900），八国联军入侵天津。由于李宝成与八国联军的提前疏通，才使得荣园和藏经阁免于炮火的侵袭。但由于1926年李家后裔的分灶析产和1917年和1939年两次洪水的侵袭，荣园变得疏于管理，楼亭颓圮，树木荒芜，

— 近代花园 —

人民公园雪后全景

杂草丛生。1937年7月，日寇侵华，遂将此园改成了新民会会址。1945年抗战胜利后，荣园又变成了红帮分子把持的育德学院。1948年，国民党军队进驻园内伐木，构筑战壕掩体。迨至天津解放前夕，园中仅存一座土山、一片枯湖和残破不堪的中和塔、枫亭和藏经阁了。

新中国成立以后，李氏后人李岐美把花园献给了国家。1950年，天津市人民政府接管了这座残缺荒芜的花园，重整修葺，1951年7月1日正式对外开放，取名"人民公园"。1954年9月，毛泽东主席还欣然命笔，题写了"人民公园"四个大字，镌刻于公园大门的匾额上。这是毛主席唯一一次为公园题字，十分珍贵。近些年来，公园经多次整修，现占地14万平方米，其中水面占4万平方米，枫亭、藏经阁等原有建筑均得到了妥善的整修与维护。

— 近代花园 —

始建于 1954 年的人民公园徽州道大门

位于人民公园南部的琼州道大门

公园西南角的广东路大门

　　人民公园共有三座主要的大门，一座是位于公园东北角的徽州道大门，一座是位于公园南部的琼州道大门，第三座则是位于公园西南角的广东路大门。在这其中，徽州道大门是公园的正门，始建于 1954 年，并且一直沿用至今。

　　毛泽东主席亲笔提写的匾额是人民公园最令人瞩目的地方。1954 年，张学良将军的胞弟张学铭任人民公园管理所副主任时，委托他的世交、中央文史研究馆馆长章士钊先生致函毛主席为公园题字。同年 9 月 19 日，毛主席复函，并亲笔书写了"人民公园"四个大字。毛主席的亲笔信现被收藏在天津市博物馆，而人民公园徽州道大门上所悬挂的，正是当年镌刻着毛主席题字的那块匾额。

— 近代花园 —

人民公园

毛泽东主席复函章士钊的亲笔信及人民公园的题字

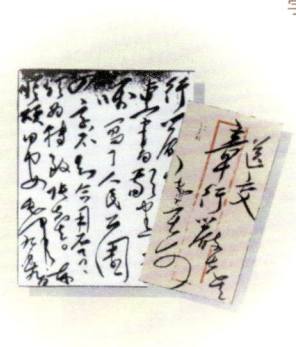

20世纪初荣园中茂盛的水生植物

清代后期出现的荣园具有丰沛的水景，规模宏阔，自然天成，在清代北方私家园林中是比较少见的。这一时期，荣园一年四季都不曾枯水，从而也就造就了荣园春、夏、秋三季的植被因水量丰富而时常保持绿色生机的图景。而当冬天下雪之后，雪地上疏朗的建筑布局又给人一种宁静而不荒凉的感觉。

冬雪融化以后，大片的草地和芦苇展现出了嫩绿色的芽，荣园也会变得更加漂亮。因地下水十分丰富，荣园内仅栽有少量的柳树和榆树，较高的地方还有几株野生的杜梨、椿树和枣树。与其他园林不同的是，这里的芦苇、莎草等耐湿植物长得特别旺盛，空气也特别清新。

早期荣园丰沛的水景

— 近代花园 —

湖中六角亭

湖心重檐六角亭

人民公园水域南部的重檐圆亭

尽管现在的人民公园没有昔日荣园那茂盛的芦苇，但宽阔的水域依然是一大特色，而湖中的长堤和小岛则更加引人入胜。从湖水南端的重檐圆亭北折，跨过石拱桥，就到了湖中第一个圆形小岛，岛上有一座体量较大的六角亭。岛西有弯曲的长堤宛转与湖北岸相连，西侧又有曲桥连接到湖中另一个大的岛屿，岛上建有一座体量较小的重檐六角亭。这两座小岛连同六角亭宛若八卦阴阳鱼上的两个眼睛，起到了画龙点睛的作用。

— 近代花园 —

20世纪20年代的中和塔

2000年修复的中和塔

中和塔位于人民公园中部偏北的大型土山上，始建于同治十一年（1872），是根据杭州西湖宝石山上的保俶塔建造的，彰显了清代建筑的风格。中和塔主要由塔座、塔身和塔刹三部分构成，平面布局为六角形。十一层青灰砖砌筑的密檐实塔，全高8.1米，是人民公园内重要的景观。

整座宝塔的外形酷似十一层楼阁，装饰着仿石朱漆的门洞，其内部是不能攀爬的实心结构。下部没有须弥座，而是砖砌塔座，筒板瓦屋面，八条垂脊汇集到刹座，刹座之上安装宝葫芦形的塔刹。中和塔婀娜多姿、亭亭玉立，其上占天时，中占人和，下占地利的特色，塑造了一幅自然祥和的图景。

显密圆通殿

背面临水的显密圆通殿

显密圆通殿位于人民公园的中心位置，始建于同治五年（1866），最初为赏月亭，后改为咏诗亭、枫亭，现为显密圆通殿；占地面积361平方米，建筑面积316平方米。

"显密圆通"四个字是一种做诗、为人的态度：显者，验之于外，用刚道；密者，存之于内，用柔道；圆者，不偏不倚，执中；通者，变通不拘，行权。显密圆通殿具有明显的清代建筑风格，台明高0.9米，面阔五间，18.3米，进深四间，15.4米。建筑平面为柱网布局呈长方形，抱厦环绕。里围两根金柱，两根暗金柱，寓意四季。中围八根金柱，象征八卦与八方。里中共合十二根金柱，象征十二个月。外围十六根檐柱，外中二围共二十四根柱，象征二十四节气。里中外三围共二十八根柱，暗合二十八宿。

从显密圆通殿的尺度来看，它既不是南式建筑，也不属于纯粹的北式建筑，而是一种南北式建筑风格相结合的产物；同时结合得非常得体，不仅婀娜多姿，而且富丽华贵，称得上是园林建筑中的精品。

— 近代花园 —

藏经阁旧景

整修后的藏经阁

　　藏经阁位于人民公园的东南角，始建于光绪十二年（1886），占地面积 150 平方米，建筑面积 191 平方米，全高 14.2 米。藏经阁下为高台，其上为阁，内外有楼梯可供上下。

　　藏经阁的高台近似正方形，北面为门，南面、西面开窗，东面是阶梯。高台由青砖砌筑而成，墙身为大停泥丝缝做法，台檐为冰盘檐做法，石制出水口，台上周边青砖砌筑砖花围栏。高台上的楼阁面阔三间，7.7 米，三进也为 7.7 米，呈正方形，平面布置双排柱网，高台内置四根通天金柱，代表一年四季，十二根檐柱代表十二年月、十二个时辰，内外四方暗合八卦与八方。重檐屋顶层收缩向上，冠圆宝顶象征天。以圆法天，以方象地，以八卦数理象征阴阳秩序。其外平台，檐柱间安装有步步锦隔扇槛窗，槛窗下为榻板、青砖丝缝槛墙。翼角高翘飘逸，屋面陡峭。若从台上眺望，尽览园中风光。

　　藏经阁风格独特，历经沧桑，既有江南之灵秀，又有北国之雄浑，堪称天津园林史上的佳作。

曹家花园

20世纪初,袁世凯主政天津,设立新区,推行新政,曾经颁布了《河北新开市场章程》和《开发河北新市场变通现行新章》以推崇实业。正是在这样的大背景下,孙仲英开始置地建园。

孙仲英(1863—?),江苏南京人,曾任怡和洋行翻译。光绪十六年(1890)到津经商,任德商信义洋行、逸信洋行买办。光绪三十四年(1908),供职于华俄道胜银行,热心慈善。

早在光绪二十九年(1903),孙仲英在河北新区私下购买了淮军公所的数十亩义冢土地,用来建造私家花园。但在建造过程中,发掘出了一千多口棺木,并将其中的尸骨随意丢弃。这引起了淮军同乡的公愤,他们联名禀报袁世凯,要求彻查此事,后因德国商人的干涉而作罢。

建成后的花园,西南至黄纬路,东南到曾经的七经路,西北抵新开河河堤,人称"孙家花园"。园内既有一座装饰着欧洲进口家具的豪华住宅,又有各种亭台楼阁、花木树石、溪水环流,晶莹剔透;屋内还藏有许多珍贵的古旧瓷器。整个建筑的建造费用高达五十余万元。不过,孙家花园并不对外开放,非经介绍,难窥真容。

一般认为,曹锟于1922年借用孙家花园作寿时,孙仲英才乘机以重金将花园转让给了曹锟。但事实上,根据1936年4月13日《益世报》的记载,孙家花园易主曹氏的时间当在1916年。

曹锟(1862—1938),字仲珊,直隶天津人,毕业于天津武备学堂,曾任北洋军第三师师长、直隶督军兼省长等职。1922年以后控制了北方政局,1923年收买了国会议员而当选为大总统。1924年10月,在第二次直奉战争中,被冯玉祥发动的北京政变赶下台,囚禁在中南海。1926年10月,冯玉祥的部将鹿钟麟发动驱段兵变,曹锟获释,到河南投奔吴佩孚。1927年吴佩孚兵败以后,曹锟长期寓居天津。日寇侵占

21世纪修缮后的曹家花园正门

天津时,曾拒绝出任伪职。1938年病逝,被南京国民政府追赠为陆军一级上将。

曹锟接手孙家花园以后,依仗其权势,大兴土木,进行扩建,将园区规模从旧七经路向东南方向拓展到今天的五马路。曹氏一族挖大湖、筑泳池、堆假山、建湖心亭、拆旧房、缀曲廊、建廊庑岛榭,广植花草树木,并在每座建筑前安放神态各异的石人、石马、石羊、石狮,俨然成为津门一时的园林之冠。

西式长廊中接中式的乐寿亭

　　扩建后的曹家花园由两座院落组成，而院落之间又有月亮门相通。园中的湖泊、水域约占全园的五分之一，湖畔有莲藕塘，湖中有曹锟的书房——明轩，湖滨有观鱼台瀛庐。游廊环湖而设，且遍通园内所有建筑。取挖湖之土堆山，山顶有雨亭，半山腰建有西式紫藤架。

　　整座花园采用中西合璧的建筑风格，既有松月楼、宾客楼等古代建筑飞檐、明柱、格窗、游廊的典雅风貌，又有公子楼（东大楼）、小姐楼（西大楼）一般的西式建筑跨梁、拱顶、长窗的豪华气派。无论是南北西式长廊中接中式凉亭的恰到好处，还是西式建筑结构上的中式廊柱、檐板以及花棂窗，都无不彰显着中西交融的风采。曹家花园将中国古典造园方式与西方建筑元素有机结合的实践，开创了天津近代私家园林中西合璧造园手法的先河。

曹家花园旧址西南方向的日新堂

就在正式修缮曹家花园的时候，曹锟听说早已败落的水西庄内有一座太湖石，非常名贵，便指使他的兄弟曹锐利用深夜到水西庄盗拆了这座太湖石，并用船从南运河，经三岔河口转运到新开河，并最终安放到了自己的花园中。如今，这座太湖石还叠立在解放军二五四医院的北门入口道路的北侧。

早在孙仲英时代，孙家花园在天津就非常有名气，成为了众多名人聚会、下榻的场所。光绪三十四年（1908）秋，近代启蒙思想家严复就曾短暂居住在孙家花园中。1913年春，梁启超曾在孙家花园中欢度自己的四十一岁生日，并在信中对其长女梁思顺说："今日京津诸友在孙家花园为我庆寿，热闹非常，作种种娱乐之具。"

曹家花园建成以后，这里更加变成了军阀、政客集会、交易的场所。1917年12月，段祺瑞与时任代总统的冯国璋在对南方军阀的战和问题上产生了矛盾，段祺瑞辞去总理职务，并在曹家花园召开了天津会议，鼓动曹锟、张作霖、倪嗣冲等人出兵讨伐南方军。1918年6月，以曹锟为首的督军团在曹家花园秘密策划了"十六省区联名请冯国璋迅速发布对南方讨伐令"，并拟举徐世昌为下届总统。1920年7月的直皖战争和1922年4月爆发的第一次直奉战争同样也是在曹家花园密谋商定的。

在1924年的第二次直奉战争中，直系落败，曹锟倒台下野，遁入英租界，曹家花园便一度成为了军阀混战中战胜者的驻跸行辕。冯玉祥、李景林、褚玉璞、张作霖等都曾在此居住过。同年12月5日，孙中山先生为实现"消除军阀割据，争取民族独力，达到国内安定和平"的目的，抱病北上来津，与张作霖在曹家花园进行会谈。次日，张作霖到张园回拜了孙中山。这便是民国历史上著名的"孙张会谈"。

乐寿亭内景

焦距 16 毫米，光圈 f/8，曝光时间 1/800 秒，感光度 400，接片

— 近代花园 —

半山腰的西式紫藤架

20世纪20年代后期，因政局迭变，曹家花园开始陷入无人管理的境地，日渐荒芜。1935年，曹锟以10万元的价格将花园卖给了天津特别市政府。当时的市长萧振瀛来园视察，见园内花木多已枯败，就命韩英伯等人主持整修。大修之后的公园被更名为"天津第一公园"，并于当年秋季正式对外开放，同时还举行了盛大的开园仪式。

整修后的天津第一公园，进门往东是台球社，再向东是一座可以容纳八百人的剧场。剧场以东是公园的事务所。事务所以北是面积达三万多平方米的东湖，湖边有水榭瀛庐，湖中有水心亭。

位于曹家花园旧址东北端土山山顶的雨亭

— 近代花园 —

昔日曹锟的书房 —— 明轩

整修后的明轩拱门

东湖以西有三个规模稍小的湖，环绕于公园的中部；再向东便是公园的东门。沿湖堤向北，有一座西式建筑，称为"东大楼"，也就是曾经的公子楼，当时被改成了一家中餐馆。湖水四周，遍植垂柳，湖尾直抵公园的北端，不过湖面越行越窄，只能容纳一只小船。由东大楼向北前望，正北是一座体量很大的叠石假山。东大楼附近建有一座三贤祠，祠后有一处草地网球场，这在当时的华北还是非常罕见的。第一公园的最北端是禽圈和兽槛，附近还建有花畦和花窖。

从公园的北端转向南行，其西面为装饰华丽的西大楼，也就是过去的小姐楼，当时被改成了俱乐部。循西大楼南行，经过一座茅亭，又有一架短河桥，桥西侧的湖中便是水榭——明轩。水榭以北是一座土山，山上有平台和雨亭，可以俯瞰全园的景色。循山而下，山坳处有一座三角平顶腰心亭，毗连山界，有高廊围绕，甚是雄伟。高廊以东又有一幢大楼为西餐厅。大楼以东的南面即为大门，其北为一座规模略小的假山。

整座第一公园，有"亭八""山五""湖四""桥六"的胜景；主路与游廊、建筑相连，颇具曲折回旋之妙。1937年3月，公园内的空房又被改成了天津第二图书馆，以供游人阅读、学习。

— 近代花园 —

1937年7月，日本侵略者占领天津，第一公园中的精华多被损毁。日军将黄纬路拦腰截断，连同公园及其附近的恒源纱厂工人宿舍、北方客栈、同益汽车行、国善里等地圈在一起，并沿马路砌设水泥墙，全部改建成了日本陆军医院。曾经红极一时的曹家花园从此变成了军事禁地。

曹家花园旧址东南部的小湖和湖畔的半亭

在第一公园之上改建的日本陆军医院

1945年8月抗战胜利以后，国民党政府接收了曹家花园，并一度向公众开放，仍称之为"天津第一公园"，但不久以后就又被改成了联勤天津总医院。1949年天津解放，联勤天津总医院被改建成了中国人民解放军第二五四医院以及河北中学等单位。

昔日风光无限的曹家花园——第一公园——如今只剩下残存的旧址，可供人游览，更可令人缅怀。

李公祠

20世纪初，在天津老三岔河口以北的窑洼一带建有一座大型的祠堂园林，这便是纪念晚清重臣李鸿章的李文忠公天津专祠，俗称"李公祠"。

李鸿章（1823—1901），字渐甫，号少荃，安徽合肥人，晚清重臣，道光二十七年（1847）进士。曾组建淮军镇压太平天国运动。同治九年（1870），继曾国藩之后担任直隶总督兼北洋通商事务大臣，直到光绪二十七年（1901），统管天津长达三十一年之久。掌管清政府的经济、外交、军事大权，一举开创并领导了洋务运动，主持近代军事工业和民用工业，并一手缔造了北洋水师。

清光绪二十七年（1901），李鸿章去世后，清廷在他的家乡以及京、津、沪、宁、苏、浙、冀、鲁、豫，他生前任过职的地方分别建立起祠堂，以示纪念。光绪三十一年（1905），直隶总督袁世凯在金钢桥以北的北运河畔奉旨修建了李文忠公天津专祠，即人们熟知的"李公祠"。

李公祠占地面积2万平方米，整体上为两进式院落，建筑主体为坐东北朝西南。西北至天纬路，西南至李公祠大街，东南至李公祠东箭道，西北至李公祠西箭道。

祠堂有大门楼一座，门楼对面是一座磨砖对缝的大影壁。正门门前有青石台阶，两扇朱漆大门，格外气派。大门两侧各有一尊雕工精细的石狮子，高大威猛；另有抱鼓石一对，精雕细琢。

进入大门，两侧有门房数间。前院有东西厢房各三间，均设有高台阶。北面是通往后院的过厅，两侧为四间腰房。院子正中安放着李鸿章的铜像，庄严肃穆，四周栽植苍松翠柏。

跨过中厅，进入后院。院子中间有一座精巧华丽的六角亭，亭内安放着一通汉白玉御制碑，上面镌刻着清德宗和慈禧太后合撰的碑文。院内还有多座袁世凯等人撰写的赞誉李鸿章的功德碑。民国时期，这座六角亭被移到了北宁公园的西大湖，取名为"湖心亭"。

六角亭与众多功德碑

被迁往北宁公园湖心岛的御碑亭

李公祠享堂大殿

后花园内的假山

绕过六角亭，正前方便是一座面阔九间的大殿堂，这里就是李公祠的主体建筑——享堂。不过，享堂虽然号称面阔九间，但事实上只是三间主殿再加上分别设立在两侧的三间耳房，然后合称九间罢了。享堂的堂前、堂内都矗立着大红色的立柱，高大宽敞，气宇轩昂，威严雄浑。堂内的香案之上摆放着各种精致豪华的祭祀器具，而且还悬挂着许多名人题写的匾额和楹联。诸如"功迈汾阳""中兴柱石""中外一人"等等都格外醒目。袁世凯撰写的挽联被挂在了最显著的位置上，上书："受知早岁，代将中年，一生低首拜汾阳，敢谓临淮壁垒；世变方殷，斯人不作，万古大名配诸葛，长留丞相祠堂。"写出了李鸿章传奇的一生，也表达了袁世凯自己的抱负。

祠堂后面是一座以人工湖为主体的花园，园中引北运河水入内，注水为湖，垒石为山，湖中有亭、榭、阁，岸旁有苍松翠柏，垂柳摇曳。曲桥与亭榭相连，湖光为殿堂增色，在庄严肃穆之中，别有一番宁静幽雅的意境。

― 近代花园 ―

优雅的曲桥

后花园的水阁和曲桥

游人如织的李公祠后花园

李公祠规模宏阔，装饰华美，整体性强，且富于变化，堪称天津近代园林中的佼佼者。民国以来，这里曾一度成为天津社会各界名流、政客、诗人集会、聚议、赋诗的场所。20世纪20年代初，祠堂后花园作为消夏游览之地开始向游人开放，并设有茶社，销售各种果品、糕点。

李公祠废弃后的后花园

— 近代花园 —

从东北方向看李公祠人工湖风景

1937年天津沦陷以后，李公祠被日伪占用，河水被截断，从此再无流水。抗战胜利后，国民党三区党部书记宋雁题在祠堂西跨院创办了启明小学。此后，又联系天津县教育局局长刘宸章等人向李鸿章的孙子李嘉琛借用前院客座东房三间，建立了庐山中学。新中国成立以后，更名为向前中学，李嘉琛任名誉校长，后又更名为天津市第三十三中学、天津市第五十七中学。

从民国年间御碑亭被迁往北宁公园开始，李公祠终将消失的序幕就被拉开了。从此之后，祠堂的后花园逐渐荒废，部分山石被移到了曹家花园，余下的被填平，改为天津造纸研究所。西门入口处的空地和彩绘游廊，平整后改成了天津师范附属小学的操场，后又改为西箭道小学的东院，直至最终被全部拆除。

李公祠后花园水阁

中山公园

清光绪二十八年（1902），继李鸿章之后，袁世凯出任直隶总督兼北洋大臣，开始在天津主持新政，兴办实业。光绪三十一年（1905），天津各所学堂的绅董、教员以及各类实业家先后呈文袁世凯，要求在河北新区的空旷之地设立公园。这样既可以用作官府公宴的场所，又可以安排学校师生进行体育锻炼。同时建议由工程局负责筑墙修路，建造局负责种植花木、建造亭台楼阁等。袁世凯批准了呈文，并于同年投资建设。

公园设在了新建的大经路中段的东南侧以及思源庄故地的北部，建设征地13万平方米，耗资17万两白银，并于光绪三十三年（1907）建成。公园主体坐东南朝西北，占地面积6万平方米。公园建成后，曾想定名为"大经公园"，但袁世凯考虑到这座公园不同于租界花园仅供游玩的性质，而是建有许多与学业、实业相关的设施，因此定名为"劝业会场"，并于同年对公众开放。这是天津历史上第一座中国人自己筹建并对公众开放的花园。

劝业会场整体上可分为三大部分，首先是大门和进门后的商铺。大门西北向面对大经路（今中山路），为四柱牌楼式结构，门楣处安装有"劝业会场"四个大字。大门内是一条笔直的路，直通二道门，路两旁为从事各种商业的平房店铺。

劝业会场大门

— 近代花园 —

从劝业会场园内看过街钟楼

劝业会场的二道门是一座过街钟楼，上面装有一个国产自鸣钟。每逢打点之时，方圆数里之内都能听到悦耳的钟声。进入钟楼，便会注意到劝业会场近似正圆形的整体设计，周围一圈宽阔的环行土将会场的主体分成内外两个部分。内部由假山、土山和圆形的操场构成，并配有花墙铁栅栏相围绕；外部则是各个单位的建筑大楼。

二道门正对的是一个月牙池，里面种满了荷花。池后便是一座小型叠石假山，石上立有一尊观世音菩萨的塑像，手持宝瓶，向月牙池中注水，池畔还有石蛤喷水。小池细渠，杨柳摇曳，颇有几分情趣。小假山背后是一座平整的土山，山上有一座亭子。据说这里有一条秘道，能通到大经路上的造币总厂院内，是厂长刘梦庚用来以防不测的。土山之下便是一片操场，操场上设有跳台、木马、秋千等体育设施。

倾注宝瓶的观世音菩萨像

— 近代花园 —

若从二道门沿左手环行路前行，最初见到的外部建筑就是建在过街钟楼旁的教育品制造所，一旁紧挨着的是教育品参观室。向前行，则是劝业会场的主体建筑，位于会场东北方向的劝工陈列所，再向西南方向转，路旁便是直隶学务公所。转至劝业会场的西南方向，经过一片荷花池，一旁坐落着北洋译学馆。朝二道门方向回走，路旁则是学会处，便又回到了起点。

教育品制造所，又称教育制品所，建成于光绪三十三年（1907），是一座斜对二层楼房，拱券门窗，楼前大空场，植有花木。

坐落在二道门左侧的教育品制造所

位于劝业会场北部的教育品参观室

教育品参观室，建成于光绪三十一年（1905），楼高二层，东、南、西三面上下都有廊檐，用连接法券作成，券脚回柱支撑。南面正中入口处为半圆形廊抱厦结构，也分上下二层，上面有栏杆，并有穹窿顶，后面为瓦坡屋顶。

周学熙东游日本以后，充分认识到了教育乃兴国之大计，于是他决定效仿日本，在光绪二十九年（1903）设立了教育品参观室。初址选在玉皇阁，后迁入劝业会场。教育品参观室以"仿造教育上之各种品物仪器，专备学堂教科之用，以浚发学识，挽回学界漏卮"为宗旨。参观室主要陈列教学物品和学校、学生的相关资料。

― 近代花园 ―

劝业会场东北方向的劝工陈列所

　　劝工陈列所是劝业会场内的主体建筑。光绪二十九年（1903），直隶工艺总局在天津成立，周学熙任总办。工艺总局下设考工厂、实习工场以及铁工厂等部门。考工厂最初的厂址设在北马路，光绪三十二年（1906）建造劝业会场期间，迁至其中。新址为西式洋房，规模宏大，各类房屋130余间，其数量之多，居会场内各单位之冠。光绪三十三年（1907），奉农工商部的饬令，考工厂更名为"劝工陈列所"。

　　劝工陈列所平面呈长方形，中部东北到西南方向有二层高的通廊，东南至西北方向又有与此通廊垂直的三道横廊，同样高二层；横廊之间又以单层房子相联系；正中交叉部分有突起的穹窿顶。主体建筑用青红砖构成，门窗多做半圆法券。

　　劝工陈列所仿效日本的商品陈列所，类似于今天的工业展览馆，以"考察本国、外国产品，以激发工业家之观感"为主要宗旨。建成之后，广泛搜集本省和外省的货物、土产以及国外制品，并按类贴上标签，供人参观学习。

　　直隶学务公所的建筑平面为口字形，四角凸出，为比较大的房间，中间有一座大庭院。朝向庭院的一面有单边走廊，正面的入口处在向南的正中央，穿过川堂走廊的踏步可以通至内院。学务公所楼高二层，四角有楼梯可至上层。入口部分楼高三层，上有穹窿顶，并有券廊抱厦的造型。

民国时期的河北公园和其中的持约亭

从东北向西南方向看北洋译学馆

1912年，中华民国成立，劝业会场更名为"天津公园"。不久，天津实业厅厅长严智怡对天津公园进行了大规模的修缮，并更名为"河北公园"。为了纪念他的功绩，在园内的西南部还建起了一座以严智怡的字命名的持约亭，以示肯定。此后，河北公园内又陆续增建了许多新的供公众学习、娱乐的建筑。继1913年由前清直隶提学使卢木斋主持的直隶图书馆由大经路迁入以后，河北公园又陆续建成了博物馆、美术馆、游艺馆、动物笼舍、艺圃、八风亭、音乐亭、儿童游戏场、春水轩茶楼以及中西饭庄等。遇岁时节令，公园也有应景的活动：正月放焰火；夏日里白天赏荷花，傍晚放电影；重阳日则登楼远眺等。

或许是出于处于租界之外的原因，辛亥革命以后，许多具有重大历史意义的革命活动都是在天津公园举行的。1911年12月14日，在武昌起义的推动下，北方革命协会在天津成立，革命党人通过顺直省咨议局约请社会各界在劝业会场参政、议政。1912年8月23日，孙中山先生应临时大总统袁世凯的邀请来津共商内政纲领。24日午前，孙中山应邀到天津公园出席官绅欢迎会，并发表了深切真诚的演讲。1915年6月6日，天津救国储金募捐大会在河北公园召开，周恩来登台演讲，号召人们奋发图强，振兴本国经济，并写下了《广募救国储金致友人书》。1919年6月9日，"五四"运动期间，天津各界人士在河北公园举行了誓师大会，声援北京学生的爱国行动。

1928年北伐胜利，为纪念孙中山先生北上时曾在此演讲，遂更名为"中山公园"。1936年4月，又更名为"天津第二公园"。

1937年七七事变爆发后，日本侵略者野蛮轰炸了河北大经路上的市政府、造币厂以及第二公园的大门和工业制品所，到处都是断壁残垣。此后，公园被日军占领，还成立了伪特别市公署。1945年抗战胜利以后，国民党军队继续占据中山公园。昔日盛极一时的名园，残破殆尽，面目全非。

新中国成立以后，天津市人民政府恢复了中山公园的名称，进行了一定程度的修复，并在1955年重新开放。原图书馆、美术馆、博物馆、游艺馆、商品陈列馆等建筑均被划出园外，公园占地面积缩减至2万平方米，与昔日的风貌已相去甚远了。

1996年11月5日，中山公园设立了《中山公园记》的石碑，记述了孙中山先生于1912年在该园讲演的情况。2003年，孙中山先生的孙女孙穗芳女士来津，与河北区政府共同捐资修建了孙中山纪念铜像。铜像高近2.2米，重2吨多，安装在2.3米高的基座上，为孙中山拄杖时的全身像。

今天的中山公园占地近2万平方米，大门为古典彩绘牌坊式，鱼脊粉墙。进入大门后，绕过假山、瀑布，又可进入园中园。四周砌有漏穿云墙、月形门，并设有琉璃瓦六角飞檐亭，颇有江南园林的风韵。园内矗立着南皮张氏两烈女碑、魏士毅女士纪念碑以及天津十七烈士纪念碑等。

— 近代花园 —

这三座纪念碑虽然不够雄伟，但在百姓心中却重如泰山，它们充分表达了蕴藏在普通民众心中的正义与真情。南皮张氏两烈女碑是为了纪念民国初年，为了自身的清白，以死抗暴的河北南皮的两姐妹。此碑由民国大总统徐世昌撰文，著名书法家华世奎书写，立碑时还召开了隆重的纪念大会。魏士毅女士纪念碑立于1929年，这是为了追思在1926年"八一三"惨案中不幸牺牲的魏士毅烈士而树立的。1931年，为了纪念在北伐胜利前夕被奉系军阀残忍杀害的十五名革命志士，天津各界人士又在中山公园内自发地树立起了天津十七烈士纪念碑。

今天的中山公园大门

孙中山先生纪念铜像

魏士毅女士纪念碑

天津十七烈士纪念碑

— 近代花园 —

雪后的北宁公园

北宁公园

在建设劝业会场的同时，光绪三十二年（1906）秋，直隶总督袁世凯委派主持天津实业的周学熙筹办种植园。于是周学熙选定了天津新车站以东的十余顷土地，分等给价，创办了种植园，并任命刘凤镳、言尚琳等人进行管理。

种植园是一座以促进天津农业发展和储备工作原料为目的并兼有观光游览性质的近代花园。直隶农事第一试验场、直隶工业试验场、农艺研究会所和气象观测站都设在园内。

造园者最先处理园内水的问题。光绪三十三年（1907）春，在种植园的西北部挖湖堆山，并沿北向东开拓了一条长二三里的水渠，与月牙河相接。种植园的南部毗邻金钟河，造园者在此设沟置闸，以引潮汐。在种植园最东部没有天然河流的地方，开挖深井，安装风机抽水，使全园的水系贯通，按时宣泄，以用于全面灌溉。

种植园内的农作物品种十分丰富，大多具有一定的经济价值，并非单纯用于观赏。造园者根据不同的土质，以每年一百万株的速度在园内选种多种树木。如分秧播种桑籽、榆钱，在园西北角的盐碱地上种植枣树等。园内还划分出不同的亩段，或在土山道、湖河旁种植棉花、葽竹、马蔺、秋葵等纺织和造纸的原料；在水中、路边或屋角杂植菱芡、芰莲、牡丹、芍药等食用、药用的作物；同时广泛种植五谷杂粮，各种蔬菜、果木，并饲养鸡、鸭、猪、羊、鱼、蜜蜂等。

除了安排农作物种植以外，种植园中还建有一座鉴水轩，有屋三楹，南部架有木桥，以便利交通。轩前广植杂花，两旁设有茅亭。湖内有三四艘游船，湖后及左右堆土形成假山，山上广植苍松翠柏。山南弯曲处还设置有凉亭，回廊倚湖，一派田园风光，十分优美。每年夏天植物茂盛之时，种植园就会对外开放，供人参观游览。

不过，随着中华民国的建立，前清政府主导的种植园逐渐被废弃，到了20世纪30年代就已变得"台榭倾圮，年久就荒"了。

种植园时代的凉亭

种植园时代用铁轨制作的凉棚

— 近代花园 —

宏观楼前的长廊华灯初上

1930年，北宁铁路局接受了开滦矿务局移赠的50万元，开始在总局附近建造医院、宿舍和若干公共娱乐场所。随后，在与河北实业厅的协调下，用4万元购买了新车站附近早已荒废但仍具山水之胜的种植园13.3万平方米的土地，并将毗邻的河北第一博物馆以及天津新站旁的空地共同规划成了一座新的公园，总面积达到了26.7万平方米。

新公园于1931年7月开始动工修建，到1932年9月全面竣工。取诸葛亮《诫子书》中"淡泊以明志，宁静以致远"之意，将公园命名为"宁园"，又因系北宁铁路管理局的产业，故又称"北宁公园"。这是中国第一座铁路系统建成的公园。

在原种植园的基础上，宁园的建造者新建了宏观楼、大雅堂、四面厅、钓鱼台、鸽子楼等风格各异的建筑，同时疏通泉水，修整山石，栽花种竹，利用长廊和曲径进行景观分配，广架小桥，盖茅草亭，各种奇花异草错杂其间，山水相应。若泛舟湖上，可见绿波荡漾，游鱼穿梭；若登山而望，可见松柏交枝，碧空万里。

— 近代花园 —

春日中的长廊

– 近代花园 –

北宁公园初创时的宏观楼

20世纪90年代的宏观楼

　　宏观楼，即后来的文化宫礼堂，位于北宁公园的正中心，堪称宁园中首屈一指的主体建筑。它与前大湖共同构成了恬静、自然、和谐的迷人景色。宏观楼的抱柱联上说："春水船如天上生；两堤人似镜中行。"恰好说出了这样一种诗情画意般的感受。

　　宏观楼的东西两侧分别是志千礼堂和大雅堂。大雅堂本是宁园事务所的办公地，建筑主体雕梁画栋，高雅精致，目前是北宁公园内保存最好、最为完整、最为古老的建筑群落。

— 近代花园 —

以宏观楼为主体，包含其两翼的志千礼堂和大雅堂，再加上宏观楼前环绕的长廊，就共同构成了"宁园十景"之中的"鱼跃鸢飞"。此处南竹北植，松柏交柯，四季常绿。隔湖相望，水榭遮掩在紫藤架下。夏日里，音乐游艇曾一度密布全湖，美不胜收。

宏观楼

宏观楼西侧的大雅堂

"九曲胜境"是"宁园十景"之一。九曲长廊依墙而建，随形而弯，依势而曲，蜿蜒逶迤，极富变化，将水、池、亭、榭、楼、台、馆、阁串连成一体，堪称北宁公园无声的导游。

宏观楼以北便是中湖。中湖东岸建有钓鱼台和嘉禾堂。中湖南岸建有图书馆和玻璃水榭——四面厅。中湖以西便是四方湖，四方湖的东面有一座鸽子楼，整体建筑为一个富于创意的六面体，自成一景。

— 近代花园 —

20世纪20年代的鸽子楼

六面体鸽子楼

改建后的宁园，以风景的自然优美取胜，与大经路畔的中山公园相互呼应，共同成为享誉津门的城市园林。每逢节假日，众多天津市民都要来到北宁公园参观游览，畅快不已。

宁园钓鱼台旧影

柳垂荷映的钓鱼台

民国时期的宁园是一个推崇新时尚的场所。1932年1月31日，在园中举行了化装溜冰会，约170人参加，来宾500余人。1935年6月15日，天津市青年会在宁园礼堂举办了盛大的集体婚礼，有九对新婚夫妇报名参加，商震和张廷谔新旧两位市长为其证婚，场面热烈。1935年10月下旬，在四面厅举办菊展，陈列菊花数千盆。

玻璃水榭四面厅

焦距 34 毫米，光圈 f/8，曝光时间 1/160 秒，感光度 100，渐变镜

— 近代花园 —

1937年七七事变以后，曾经袁世凯一手规划的河北新区成为了日军袭击的重点。7月27日至30日，日军飞机野蛮轰炸天津市区。大经路（今中山路）两侧，包括市政府（即今金钢公园一带）、李公祠、北宁公园、中山公园均遭到破坏。天津沦陷后，北宁公园被日军占据，东南部被辟为了兵营，仅留下西门至四面厅的一条南通道供人游览。

抗战胜利后，公园虽全部开放，但因没有任何维护和管理，回廊倒塌，花木凋零，一派荒凉景象，北宁公园已残破不堪。

曾经的铁路工人文化宫

储香宫

新中国成立以后，北宁公园曾一度改称"铁路工人文化宫"，并进行了全面的恢复和规划建设，而且逐步摸索出了符合实际的建园方针。公园扩地为50.31万平方米，水域面积达到了16.67万平方米。维修油饰了嘉禾堂、大雅堂、四面厅以及多座水榭亭台，并广植花木，增添动物，对外开放。20世纪六七十年代，铁路工人文化宫又被称作"二七公园"，隶属于天津铁路分局。

— 近代花园 —

宏观楼与致远塔

　　1981年，北宁公园开始了较大规模的改扩建工程，沿湖砌筑片石，增添了湖心岛、湖心亭和透花空墙，临湖堆筑了叠翠山，并兴建了电影院、温泉宾馆以及仿古建筑花展馆、舒云台、叠翠宫、畅观楼、水上餐厅、古典环湖长廊、九曲七弯狮拱桥、双层待月楼以及码头。在中环线育红路上开辟了北门，形成了曲回的三条游览线路。环园以长廊相接，建有十亭小景，占全园总面积三分之一的水面聚分得体，湖湖相连，二十四座各式各样的桥梁横架两岸。花木、亭阁错杂其间，结合叠山理水，一度出现了耳熟能详的"宁园十景"，并最终形成了北宁公园"四山""九湖""十渠"之胜，"一馆""三廊""八堂"之美，"二楼""十一桥""十三亭"之秀的壮丽景色。

― 近代花园 ―

荷芳揽胜

北宁公园中的荷花多在数十亩之上。在宽阔的水面上遍植荷花，必然会造就出"接天莲叶无穷碧，映日荷花别样红"的蔚然景观。不过，光有荷花还不够美，难得的是，岸边葱郁的垂柳更加彰显了荷花满塘的意境。游人若漫步于湖岸赏荷，风过荷举，碧波荡漾，如此清幽的景色、盎然的生机，一定会令人感到山林隐逸般的情趣。

"四山"对峙于湖渠之间，这其中尤以叠翠山为最高。人工堆垒的叠翠山位于园区的中心、琵琶湖畔。山势雄奇、峭拔。东西两面分别建有迎曦亭和春熙亭。全山遍植松柏，配以皂荚、云杉、油松，栽藤挂蔓，形成了立体绿化的景致。攀登叠翠山，有如步入画境。若是登山俯瞰，全园景色尽收眼底。山顶矗立着一座纪念碑，高约10米，上面镌刻着郭沫若题写的"革命烈士永垂不朽"。

叠翠山顶的烈士纪念碑

― 近代花园 ―

湖光山色

北宁公园以丰沛的水资源闻名于世。园中的九湖有序地分布在园区的东、西、南、北、中各个部位之中。东大湖位东，西大湖位西，前湖位南，天然湖位北，中湖、琵琶湖和四方湖居中。这其中以西大湖为最大，面积达45.5万平方米，湖中有亭，湖滨有游船码头。诸湖水域借渠联结，渠侧陆地，依桥相通。温泉宾馆位于四方湖北岸，是一座四层现代建筑，半在陆上，半在水中。三条曲廊，总长1300米，丹梁翠柱、廊檐彩绘，或环于湖滨，或穿绿荫林丛，曲径通幽，连接楼、亭，如锦线般贯诸各景点。

― 近代花园 ―

坐落在宁园北端的致远塔始建于1990年,是津沽大地最高的仿古塔,塔高74.4米,系钢筋混凝土结构建筑,共有九层八面。塔内四周的墙壁上镶嵌着历史题材的瓷板釉彩画或青石刻浮雕百余幅。致远塔是三条从东、西、北三门进园的游览线路的汇集点;登上中间双向盘旋的楼梯或乘电梯都可直达九层,津城美景,尽收眼底。

致远塔前有一对金代石狮子,系金承安二年(1197)所造。石狮通体高2.16米,带基座,有铭文,线雕缠枝纹饰。石狮为跌坐状,通体清瘦,筋骨毕露。两头狮子看似一样,但若仔细比较,全身却无一处相同,其雕琢之精美堪称极致。它们是1919年筹建直隶第一博物院时,从河北省内丘县征集而来的。

宁园北隅的致远塔

造型别致的金代石狮子

冬季傍晚的致远塔

"宁园十景"之一的"曲水瀛州"指的就是畅观楼,这里往往是游人的驻足之处。水中央的亭子架在三座桥上。前望,畅观楼像水上的船舫,停泊在开阔的湖面上。后观,被分割的水面迂回盘旋。左手为芙蕖榭,右手则是观鱼廊。沿两侧向前延伸,亭廊棋布,美不胜收。

畅观楼

焦距 26 毫米,光圈 f/8,曝光时间 1/60 秒,感光度 400,反向渐变镜

中华民国时期

李纯祠堂前的照壁与大门

李纯祠堂

在南开区白堤路北段的西北侧，有一座占地2.4万平方米的私家园林，这就是民国年间建造的李纯祠堂。

李纯（1867—1920），字秀山，直隶天津人，北洋直系军阀。天津武备学堂第二期毕业，遂加入袁世凯主持的新军，此后长期担任对南方革命党的作战。1913年9月，任江西都督。1916年7月，改任江西督军。此后，成为冯国璋手下直系军阀的骨干。1917年8月，任江苏督军，一度控制长江下游，成为一时的风云人物。但在1919年12月冯国璋死后，作为与曹锟分立的直系势力，李纯逐渐失去了染指政治分赃的实力。此后又遭遇了种种政治上的不如意，遂于1920年10月12日自杀身亡。

民国初年，李纯和他的兄弟李馨听说美国洛克菲勒基金会在将所购得的北京东单三条的豫亲王府改建成协和医学院及其附属医院时，从地下挖出了许多金银财宝，于是就以20万元的价格购买了庄亲王府并准备依法炮制。在拆除了王府建筑以后，他们在原地建起了民房，称之为平安里，随后将砖瓦、木料运回天津，建造了李家祠堂。其间，李纯于1920年去世，由李馨于1924年完成了后续的工程。

1937年7月天津沦陷以后，李纯祠堂被日寇用作了兵营。抗战胜利后，国民党军队又长期占用此地，祠堂建筑遭到了严重的破坏。

新中国成立以后，李氏后代将祠堂的产权典当给了国棉六厂做了工人宿舍。1958年，国棉六厂的一位工人向天津市人民代表大会提出了将祠堂改建为劳动人民娱乐场所的议案，得到了市领导的重视。市长李耕涛亲临视察，最终决定投资150万元，委托南开区主持修复李纯祠堂，新建了门楼、围墙，并在第三进院之后建起了一座能容纳1200名观众的剧场，命名为"南开人民文化宫"，并由郭沫若题写了宫名。1960年的"五一"国际

— 近代花园 —

整修前的石牌坊　　石牌坊后的赑屃和无字碑

劳动节时，南开人民文化宫正式对外开放。梅兰芳、马连良等艺术大师都曾在此演出过。此后，"文革"和唐山大地震都对李纯祠堂造成了严重的破坏。

20世纪80年代，市政府开始对其进行修缮。1982年，李纯祠堂被列为天津市文物保护单位。1997年，剧场因年久失修而被拆除重建。2005年，李纯祠堂被评选为天津市重点保护等级历史风貌建筑。2008年，南开区政府拨款，大规模修缮了李纯祠堂。

李纯祠堂整体上呈东北至西南走向，建筑主体为砖木结构的三进院落构成，素有"小故宫"的美誉。

李纯兄弟在重新组装庄王府时，基本保持了原有的建筑布局。最大的变动则是将原先位于王府西侧的花园移到了祠堂的前部，形成了一个巨大的引导空间，而王府建筑就被改建成了祠堂的主体建筑。

祠堂的最前端是一面高大的砖砌二重檐照壁，长20米，高近6米。照壁对面是进入祠堂的大门，大门两旁有一对石狮子，本是刘瑾府邸的旧物。石狮子之后是两座20世纪50年代末建造的门楼。

进入大门，便是李纯祠堂的前部引导空间。最先是一座石牌坊，坊后有华表分立左右，原本在两侧设立的翁仲和石马现已不复存在了。再向东北方向走，路中央立有一座赑屃驮着的无字碑。

— 近代花园 —

引导空间中的华表

引导空间旧景

将不同时代的建筑及其风格混杂在一起是李纯祠堂最显著的特征。就前引导空间而言，石牌坊、华表和各种石像生显然都不是王府建筑应该有的，它们都具有明显的明代建筑的特征。

后人在引导空间的地上和地下都发现了许多残留下来的零星散落的石质建筑构件。据李纯后人和当地居民的介绍，李纯死后，因经费紧张，祠堂并没有按照设想全部建成。这些石质构件正是当年遗留下来的，有一些已被填埋在了护祠河中。关于这些石质构件的来源，据李纯的孙女李新志回忆，祠堂内除了现存的石狮外，还有一些是从明朝太监魏忠贤的墓地搬来的石人、石马，不过后来都被毁了。清朝人确实在康熙四十年（1701）拆毁了魏忠贤的墓。可见，李新志的说法并不是没有根据的，而李纯祠堂的石牌坊、华表、石像生或许就应来自于明末清初的京郊古墓。

李纯祠堂前的引导空间

070

— 近代花园 —

李纯祠堂一道院正门

玉带河上的玉石拱桥

穿过引导空间，向东北方向前行，便是玉带河和其上架设的精雕细刻的单孔玉石拱桥。在历史上，李纯祠堂的四周曾设有护祠河。1958年，市政府对祠堂进行全面修缮时填平了东侧的护祠河。20世纪80年代，祠堂西侧、南侧的护祠河也被全部填平了。21世纪的大规模整修工程中，又在祠堂的正门前设置了玉带河，在一定程度上恢复了李纯祠堂的旧貌。

玉石拱桥的对面便是李纯祠堂一道院的正门，也是祠堂主体建筑的大门。这一主体建筑的前身便是北京的庄亲王府。

庄王府原本坐落在北京皇城外的西北角，大致范围在东起皇城根，南到太平仓，北至麻状元胡同的区域内。这里本是明朝正德年间当权宦官刘瑾的府第。清兵入关以后，太宗皇帝的第五个儿子承泽裕亲王硕塞在此居住。顺治十一年（1654）硕塞去世，他的长子博果铎承袭了爵位，并改号庄亲王，承泽裕王府也就改成了庄王府。传至同治十三年（1874），载勋袭庄亲王王位。光绪二十六年（1900），义和团进入北京，载勋和端郡王载漪在庄王府设立坛口，大力支持义和团，结果导致了1700余名义和团团民被外国侵略军杀害，王府也遭到了敌人的报复性破坏，部分建筑被焚毁。第二年清政府与外国侵略者议和之后，载勋被以"祸首"论处，削去爵位，并被赐死。其弟载功承袭了庄亲王之位。而李纯又让这座前清的王府在天津落地生根了。

— 近代花园 —

李纯祠堂前院正门的背面

进入正门,便是李纯祠堂的一道院。这座院落规模较小,但主体建筑较多,而且十分紧凑。正门、院中主殿和后殿均为面阔三间,格局相似,颇为精巧。

不仅如此,一道院还是李纯祠堂中花木最丰富的院落。院内树木参天,绿荫环抱,风景优美,畅游其中,会令人感到惬意十足。

李纯祠堂一道院内景

— 近代花园 —

一道院的东北面即为二道院的前殿、院墙以及位于左右两侧、可通中院的角门。前殿的大门面阔三间，绿瓦歇山顶。角门为绿瓦硬山顶，门楼的楼顶为勾连搭式，垂花门罩雕刻得十分精细。

二道院的前殿和通向院中的角门

从戏台看整修前的正殿

穿过角门，进入二道院，这里是李纯祠堂的核心区域。全院方砖墁地，规模宏大，气势非凡。东北方向为正殿，是二道院的主体建筑。正殿面阔五间，绿瓦歇山顶，前檐出廊，花砖墁地，两旁各有顺山房三间作为左右配殿。正殿前还筑有月台，对面是一座伸出式戏台。院内东南和西北方向均设有厢殿以相互映衬。

二道院的前殿和正殿坐落在李纯祠堂的中轴线上，均具有明末清初官式大木作构架的特征，从而充分说明了清初的庄王府利用并改造明代殿宇的事实，也为后人留下了珍贵的历史印迹。

— 近代花园 —

李纯祠堂二道院的正殿

正殿是二道院的主体建筑，矗立在白色的月台之上。殿顶为绿色琉璃瓦，饰以脊兽。整座大殿，彩绘斗拱，顶板描金，巍峨壮观，富丽堂皇。

— 近代花园 —

整修前的西南侧戏台

位于二道院西南方向的戏台是李纯祠堂颇具特色的建筑。戏台为伸出式设计，即台在前、幕在后，三面敞开，戏台深入到观众之中，可以拉近演员与观众的距离，从而创造出更好的演出氛围。戏台顶部的藻井，外方内圆，涂金漆绿，金碧辉煌。顶部为玉龙戏珠的大型浮雕，蔚为壮观。在戏台之后，与之紧密相连的就是扮戏房。扮戏房面阔三间，屋顶与前台顶采用绿瓦勾连搭式造型，十分别致。

戏台和扮戏房并非庄王府的旧物，它们都是李氏兄弟建造祠堂时新建的，属于民国时期的仿古建筑。

21世纪整修后的戏台

— 近代花园 —

二道院正殿的背面

李纯祠堂的东北端是三道院，它的规模与二道院不相上下，依旧是方砖墁地，一样的气势恢宏。该院的西南侧即为二道院正殿的背面，而东北侧的后殿则是三道院的主体建筑。它面阔五间，绿瓦歇山顶，前檐出廊，花砖墁地，两旁有顺山房三间作为左右配殿。院内的东南和西北方向同样建有厢殿来陪衬。

后殿极有可能是清代建造的庄王府建筑。这一点不仅能从分析现存建筑的大木作构架中得出判断，更重要的是，在20世纪80年代的维护和21世纪初的修缮中，人们都发现了该建筑的部分绿色琉璃瓦件上刻有"雍正九年""内庭""王府""某作造"等字样，充分证明了其清代建筑的历史身份。

新中国成立以前，李纯祠堂主体建筑之后曾有一座广植花木的后花园。1958年，天津市政府对祠堂进行全面修缮时，将后花园改建成了一座大剧场，并将三道院的后殿与之相连，后殿也就变成了剧场的前厅。同时，为了方便观众的进出，拆掉了后殿明三间的下槛，隔扇门直接落地；后檐墙也被拆除，代之以后檐柱间的木质花罩：这在很大程度上改变了三道院后殿既有的格局和风貌。

李纯祠堂三道院后殿及左右配殿

— 近代花园 —

整修前三道院西北方向的厢殿

李纯祠堂二道院和三道院的厢殿也十分讲究。主殿都为面阔三间，两侧均有顺山房，并有游廊环绕。木雕花棂的门窗，殿内雕梁画栋，富丽堂皇。

从厢殿的大木作构架来看，这些建筑都应属于清代中期的作品。不过，室内的板条抹灰、石膏线吊顶以及彩色的地砖都具有强烈的民国特征，当为建造祠堂时装修而成。

20 世纪 60 年代，为了方便人们到南开人民文化宫休闲娱乐，有关部门就将三道院东南侧的厢殿改造成了面向城市道路的出入口，而其临街的东北与西南两侧的顺山房的后檐墙上也分别加上了"全国各族人民大团结万岁"和"全世界人民大团结万岁"两则具有鲜明时代烙印的标语。这座大门也就成了广大天津人民最为熟知的"三宫"的入口，而曾经辉煌的三宫书市则是李纯祠堂最响亮的名片。

曾经最为人们熟知的三宫入口

张园

在今天的和平区鞍山道59号，曾坐落着一处私家花园洋房，它因1924年孙中山先生北上过津时在此下榻，又因1925年清逊帝溥仪被逐出紫禁城后蛰居于此而被载入史册——这里就是张园。

张园的主人是前清的军官张彪。张彪（1860—1927），字虎臣，山西榆次人，武科举人。同治九年（1870），任山西巡抚张之洞的随侍，此后随张之洞到湖北，被提升为巡捕、巡防营哨官等职。因精于练兵，被赐总兵衔，后升为湖北标统、提督、驻武昌第八镇统制。1911年辛亥革命爆发以后，张彪弃职去了日本。在海外侨居一年以后，无官可做的张彪回到天津，做起了寓公。

1915年，张彪在日租界宫岛街（今鞍山道）购买了一处近1.3万平方米的洼地。为了让土地增值，张彪将其租给了一个上海商人。后者在此地搭上了竹篱和席棚，取名"露香园"，对外售票，供人游览娱乐，品茗纳凉。

1917年天津发生水灾以后，露香园遭到了严重的损毁，张彪便将此地又租给了一名广东商人，年收租金八千元。早在清朝末年，上海法租界中曾有一座张园，因聚集过维新变法人士且召开过"拒俄大会"而声名远播。十几年后，这座天津花园的主人恰好也姓张，而这位广东商人又不想再用赔钱亏本的露香园的名字，于是他便将这座花园命名为"张园"，想借助上海张园的余声遗望为自己打一打广告。

在出租张园的同时，张彪也对自己的住所做了进一步的改造。他根据自己在湖北建造营房和军事工程时积累下来的经验，精确预估，自行购进砖瓦灰泥等建筑材料，亲自雇用工匠，建起了一座具有西洋古典风格的三层小楼，名之曰"平远楼"。该楼主体为砖木结构，多坡瓦顶，坡式台阶，外观宏伟雄壮。楼内房间装修得十分豪华，各种

早期张园内的平远楼

日本侵略者修建的罗马式楼房

— 近代花园 —

吉祥的动植物图案点缀其间，充分体现了中西合璧的风格。

张彪在园中堆石建山，挖池架桥，布置了许多景致。这其中尤以中央水亭的设计最为巧妙。亭柱中暗藏有自来水管，尖端有球，另配双龙。拧开水龙头，泉水直喷而出，推动小球，滚成"二龙戏珠"之状。水止球落，收到铁丝做的承盘里。亭顶流下的水，沿着亭檐向下灌注，既像水帘，又像大雨倾盆。即使是三伏天，静坐其中，也不会觉得热。

张园庭院中暗藏玄机的水亭

除此之外，平远楼的四周还环绕着长廊，并且广植花木，十分繁茂。园内还设有太湖石假山、荷花池、中式传统的大金鱼缸、各种亭台以及张彪自己设计的水泥磨石子的桌、凳和花钵等。

张彪对张园的改造大大提升了其在天津游艺场业务中的竞争力。夏天是张园最热闹的时候，当年的广告曾打出过"天津第一避暑花园"的口号，随后也确实成了当时的天津人众所周知的避暑胜地。为了与不远处的大罗天竞争，20世纪20年代初，广东商人又在张园内相继开设了广东餐馆、剧场、游艺场、台球房、玻璃花房以及露天电影场，成了一处名副其实的高级消夏夜市。

1924年，冯玉祥发动"北京政变"，电邀孙中山北上，共商国是。当年12月4日，孙中山携夫人宋庆龄离开广东，取道神户，辗转来到天津，受到在津各界人士的热烈欢迎。在段祺瑞等人的安排下，孙中山一行下榻在了张园。当天下午，孙先生就带领汪精卫、孙科、李烈钧等十多人赴曹家花园拜访了张作霖。由于劳累过度，孙中山的肝病复发，第二天便卧床不起。他在张园滞留了二十一天，直到12月31日才动身赶赴北京。

1925年2月，被逐出宫的清朝逊帝溥仪从北京化装逃到天津，入住张园。不久以后，皇后婉容和淑妃文绣也赶到了这里，开始了他们长达七年的天津生活。张园的门口也随即挂上了"清宫驻津办事处"的牌子，并停止了对外营业。溥仪复辟之心不死，多次在张园召见前清遗老，商议复清大计，这里俨然成了他的"小朝廷"。

1927年张彪病逝以后，张家后人不断向溥仪索要房租，于是溥仪被迫于1929年7月搬到了离张园不远处的乾园，也就是后来的静园。此后，张园曾一度恢复对外营业，但声势已远不及当年。伪满洲国建立以后，张园被汉奸川岛芳子以大洋18万元的价格强行购去，作为日本驻屯军高官的住所。随后，日本侵略者拆除了平远楼，在原地建起了一座带塔楼的二层罗马式楼房，作为日军的司令部。抗战胜利以后，张园又成了国民党天津警备司令部。新中国成立以后，张园成为了天津市军管会的办公地，后来又作过天津日报报社和少年儿童图书馆。1976年，主楼楼顶的南楼因地震而脱落，后经两次修缮，恢复了二层罗马式楼房的模样。1982年7月，张园被列为市级文物保护单位。

兼具日本和西班牙双重风格的临街门楼

静园

在今天和平区鞍山道与宁夏路的交口坐落着一座花园洋房，这里自建成之日起就与日本帝国主义有着密不可分的关系，此后更是见证了日本侵略者的狼子野心——它就是静园。

静园原名乾园，是由陆宗舆于1921年建造的，当年位于天津日租界内。取名乾园，本是"浩瀚乾坤，汇聚一园；人杰地灵，颐养千年"的意思。

陆宗舆（1876—1941），字闰生，浙江海宁人。早年自费留学日本早稻田大学，曾任袁世凯总统府财政顾问、北洋政府驻日全权公使。1915年，参与了袁世凯与日本签订丧权辱国的"二十一条"的勾当，并曾争取日本内阁公开支持袁世凯称帝。此后，陆宗舆逐渐成为了日本帝国主义公开的在华代理人，大肆出卖国家主权，直接导致了五四运动中爱国学生和全国人民的愤怒声讨。虽然一度被北洋政府撤职，但在日本帝国主义的庇护下，陆宗舆长期出任中华汇业银行总理和察

静园门房前的古槐

— 近代花园 —

静园主楼和前院中的花钵喷泉

哈尔龙烟煤矿和铁矿公司督办，并一直居住在天津。1940年，还曾出任汪伪政府行政院顾问。

1929年7月9日，清逊帝溥仪被迫携皇后婉容、淑妃文秀从张园搬到了乾园，并将其更名为静园，表面上是取"清静安居，与世无争"的意思，实际上却隐藏着"静观变化，以待时机"的含义。溥仪在静园期间，仍用宣统年号，秘发谕旨，召见心腹大臣。1931年11月，在日本特务头子土肥原贤二的策划下，溥仪离开静园，秘密前往东北，做了伪满洲国的皇帝。

抗战胜利以后，国民党天津警备司令陈长捷进驻静园。1949年天津解放以后，静园被用作了市总工会女工部和宣传组的办公用房，此后又变成了普通住宅，逐渐形成了一个居民众多的大杂院。2005年，静园被天津市政府列为特殊保护级别的历史风貌建筑。2006年10月，开始了保护性的整修工作；2007年7月正式对外开放。

静园是一所兼具日本和西班牙双重风格的庭院式住宅，占地面积3360平方米，总建筑面积3090平方米。整体布局为前院、后院和西南跨院。前院包括主楼和楼前的花园，主楼之后为后院。主楼的西南端延伸出长17米、宽1.5米的游廊，分割出了西南跨院。静园四周还建有高大的围墙和门楼，东北、东南和西南三面都建有平房。

静园周围被6.5米高的院墙环绕，形成了庭院围绕建筑的"院包房"的布局模式，使得静园俨然变成了一座与世隔绝的世外桃源，而这种高墙宅院也正是租界洋房的一大特色。

静园临街的门楼是一座带有日本风格的红筒瓦白墙的西班牙式建筑，造型别致，新颖独特，与众不同。门房前有一株古槐，因树身已严重倾斜，故用水泥构件在其下方做了加固保护。

进入大门后，迎面便可看见主楼，它是静园的主体建筑。主楼是一座砖木结构、普遍二层、局部三层的西式楼房。中央的亭子间突出，立面显得雄伟壮观。局部有半地下室，内部设有锅炉房。主楼的西南半部设有通天木柱的外走廊，而东北半部则为全封闭式的结构。

从整体上来说，主楼属于折衷主义复古风格，尤其带有日本和西班牙的装饰元素。其中主楼门厅的木质材料和结构具有典型的日本建筑特征，而它的缓坡屋顶、红色圆筒瓦以及券柱空廊等装饰细部则又明显具备西班牙式建筑的风格。

— 近代花园 —

静园前院全景

　　主楼前是静园的花园，长 39 米，宽 34 米，占地 1326 平方米，甬道用鹅卵石铺成，历史上曾广植花木。花园内种植过杨树、槐树、丁香树、藤萝以及葡萄。现存的主要是杨树，树龄多在 40 年以上，其中几株一个人已经合抱不过来了。前院的中心景观为一座位于主楼中轴线上的圆形水池，池中原有石质雕塑，现已改为花钵喷泉。前院的东北方向紧挨着围墙边的地方分别为门房、厨房、储藏室和车库。在溥仪居住期间，这里还曾建有一个临时的网球场。前院的东南侧原本设有养殖金鱼的数个大瓦盆和小型荷花池，不过现在已经没了踪迹。

— 近代花园 —

分隔前院与西南跨院的长廊

静园的后院规模较小，通过一段小游廊与前院相隔。院内有一幢内廊式砖木结构的二层小楼，共有十六间房屋，作为随从人员的居住区域。

有一条长17米、宽1.5米的游廊从主楼的西南端向东南方向延伸出来，成为了前院与西南跨院的分界线。

西南跨院占地260平方米，有鱼形壁泉和一座典型的日式花厅，厅前曾有假山。鱼形壁泉具有西班牙式建筑风格，与静园的整体风格协调一致。壁泉基座长7米，宽4.5米，整体高度为2.3米，其表面为水泥砂浆扒拓石造面，主体立面用毛石装饰成半圆形的壁龛，中心为抽象的喷水鱼头的石雕。壁泉之上曾建有砖木结构的藤萝架，作为主人观赏壁泉时纳凉之用。不过，藤萝架已在历史的变迁中损毁，只剩下八个欧式水磨石花钵保留至今。

西南跨院今貌

庆王府

庆王府原为清末太监小德张在天津的公馆。小德张（1876—1957），本名张祥斋，字云亭，以清朝内宫排"兰"字而序名张兰德，宫号"小德张"，直隶静海（现天津市静海区）人。1913年隆裕太后去世以后，小德张携带大量的财产，带领家人和仆役来到天津。1922年，他在英租界剑桥道（今和平区重庆道55号）亲自主持设计并施工建造了一所豪宅。

1925年，庆亲王载振迁居天津，购买了小德张的这座府邸，并做了进一步的修建，于是得名"庆王府"。载振（1876—1947），字育周，清皇族宗室，庆亲王奕劻的长子，历任镶蓝旗汉军都统、御前大臣、正红旗总族长、农工商部尚书等职。1917年，奕劻病故，大总统黎元洪根据《关于清皇族待遇之条件》，令载振承袭了庆亲王的爵位。

新中国成立以后，曾经的庆王府先后由中苏友好协会天津分会、天津市人民政府外事办公室等单位使用。1991年，天津市政府将其列为第二批文物保护单位。2011年，庆王府得到了全面的整修，并对外开放。

现在的庆王府占地面积4327平方米，总建筑面积5922平方米。主楼采用砖木结构，普遍二层，局部三层，并带有地下室及附属平房，整体上属于中西合璧的折衷主义建筑。

庆王府花园南部的中式园林

― 近代花园 ―

庄王府花园北部的法式喷泉

  主楼的东侧是庆王府的花园，它是租界私家花园中保存得最为完整的一座。与此同时，它还将中国江南园林的造景技法与法国的古典园林风格有机地结合在一起，堪称中西合璧的典范。庆王府的花园既体现了小德张在皇宫大内积累起来的对古建筑的独到见解，又彰显了载振作为清朝商业大臣的广阔视野。

  庆王府花园占地面积约1500平方米，四周遍植国槐、梧桐等中国传统树种，同时也栽种有产自北美的珍贵树种——黄金树。根据学者的考证，造园时曾植有七棵黄金树，并呈北斗七星状分布于园中，但现在仅存一株，已难见当初的风貌了。

  庆王府花园最显著的特点是南北两个区域的划分，南部是典型的中式园林，而北部则是法式园林。

  花园南部布局曲折有法，错落有致。其主体为一座假山，山石嶙峋，变化丰富。槐树、柏树遍植其上，郁郁葱葱。假山有曲径一条，蜿蜒至顶端的中式六角凉亭。凉亭尺度适宜，精巧别致，与假山融为一体。亭下有一处洞穴，曾经供奉着铁拐李的塑像，以求镇宅避火，这种设计真可谓匠心独运。假山的西北侧有自由曲线形的水池，虽无江湖之浩瀚，却也有"一勺则江湖万顷"之妙。一座石桥横跨水池南北，两侧对称放置着石雕鲤鱼的喷泉，更增添了几分情趣。

  与花园南部形成鲜明对比的是花园的北部。这里是一片西式草坪，草坪上有一座法式喷泉被安放在花园南北的中轴线上，成为了视线的焦点。喷泉水池由石材构筑，呈八角型，直径约三米，池内南北两侧各有一对栩栩如生的石雕青蛙向中心喷水。喷泉中央的主体石雕成塔型，高约三米，分成三段，由圆形石盘巧妙连接，且大小逐级递减，顶部为蘑菇形石盘，曾有南极仙翁的石雕置于其上。主体石雕下部的雕刻十分精美，四只曲颈的天鹅面朝池中，下方还各有兽足一只，威严肃穆，展现了西方古典园林奔放外露的风格。

租界花园

Parks in Concession

概述

清咸丰十年（1860），英法联军相继攻占了天津和北京，清政府被迫签订了《北京条约》，将天津增开为通商口岸。英、法、美三国随即在天津城外的东南方向，沿海河右岸划出一片区域作为租界，开启了天津八十余年"国中有国"的历史。

光绪二十一年（1895）中日甲午战争以后，德国以"干涉日本还辽"有功为由在天津设立了德租界。光绪二十三年（1897），英国确立了英租界扩充界。光绪二十四年（1898），蓄谋已久的日本划定了天津日租界。光绪二十六年（1900），八国联军侵华，法国乘机建立了扩充界。俄国、意大利、奥匈帝国和比利时相继设立了自己的租界。光绪二十八年（1903），英租界推广界确立。最终于20世纪初形成了九国租界的局面。

在划定租界的同时，各国租界当局加紧了租界内的规划和建设，疏浚河道，填埋坑洼，修筑道路，建造房屋，而租界内的花园也在第一时间被规划、修建了起来。

租界花园的修建与租界的设立或规划有着十分密切的关系，一些花园就设立在划定租界的初期。比如光绪二十七年（1901），天津设立了俄租界，租界当局于当年就修建了俄国花园。日租界正式划定于光绪二十九年（1903），第二年，日租界的管理者就开始了大和公园的建设。另有一些租界花园虽不是在租界设立后马上开工建设，却是出现在租界规划建设的初始阶段。比如德租界划定于光绪二十一年（1895），但直到光绪二十六年（1900），租界当局才开始大规模的开发建设，而德国花园正建造于这一时期。1937年，英国侨民医院迁入英租界推广界。为了保证能有一个良好的就医环境，英工部局当年就迁走了医院东部的沥青混凝土搅拌场，并随即建造了游泳池和皇后花园。

租界花园的位置往往处于各国租界政治上的核心区或经济上的繁荣地带。维多利亚花园所在的维多利亚道是英租界政治、经济的核心区域，道路两旁矗立着多座洋行、银行、办公大楼；维多利亚花园的东北部是利顺德饭店，西北部则是英工部局大楼戈登堂，其重要的地位不言而喻。大和公园的隔壁就是日租界的实际管理者日本驻津总领事馆，而俄国花园的对面也同样是俄国驻津领事馆。义路金花园设在了英租界的"三不管"、热闹繁华的小白楼，法国花园则坐落在商业繁荣的杜总领事路（今和平路）与巴斯德路（今赤峰道）的交汇处。

就花园自身而言，不同于中国传统花园的造园手法是租界花园最显著的风格特征。分属于英、法、意三国的维多利亚花园、皇后花园、法国花园和意国花园都采用了比较纯粹的欧洲传统风格的造园技法。而由于园区面积较小，同为英租界内的义路金花园和久布利公园则采用了中国人比较熟悉的自然式布局，德国花园和俄国花园面积较大，则广泛采用了自然主义的园林风格，特别是俄国花园最以优美的自然风光取胜。

与上海租界公园英、法园林风格占主导地位的情形相比，天津租界花园的风格则更加多样，正是相对独立的九国租界造就了园林格局上的不同。

— 租界花园 —

天津德租界旧景

　　无山略水的平面布局可以说是租界花园与中式传统花园最大的区别。在天津租界花园中，除了大和公园中少量的叠石以及久布利公园有一座因挖下水道而形成的土山以外，其他花园的地势都没有明显的起伏变化，平坦似乎成了约定俗成的格局。即使是以自然景观见长的俄国花园，也不在意山的作用。这一点与同一时期、同处天津的曹家花园、蔡家花园等中式花园形成了鲜明的对比，即使是与租界内花园洋房的假山相比，也有很大的不同。

　　水在中式花园中是不可或缺的因素，而对于租界花园来说，这一要素却只是一个可有可无的陪衬。英、法系花园中没有明显的水系景观，只是在久布利公园中有一座汉白玉雕成的喷水花池，在意国花园的入口处有一座单柱圆盘形喷水池而已。尽管在德国花园和俄国花园的园中各有一处天然水塘，人们在其中划船、滑冰，但水塘自身的景观作用并不明显。日本的园林设计深受中国传统文化的影响，因此大和公园中设计了租界花园中少有的荷花池和中型水池，具有一定的东方园林色彩。

　　既然租界花园缺少中式传统花园的造园要素，那么西洋式的景观和功能分区便成了它必备的条件。事实上，现代化的功能分区被后来的公园充分借鉴，完全变成了中国当代公园的标准配备，而西式景观则依然保留着其舶来品的韵味，直到今天或许也没有完全本土化。

　　大面积使用草坪是租界花园的一大特色。维多利亚花园1200平方米的草坪是其重要的景观；皇后花园的中心部位是不同形状的草坪；法国花园的大面积草坪像地毯一样齐整；俄国花园内成片的草坪显得十分壮观。草坪不仅可以涵养水源、净化空气，而且可以与树丛、树群构成层次丰富的景观风貌。花池和花坛常常是与草坪配合使用的景观。维多利亚花园中布置了很多形状规则的花池和花坛；久布利公园则以花池为主要景观；皇后花园的中心部位是形态各异的花坛和草坪；法国花园的内侧同心圆则是种满洋绣球的花坛；俄国花园以自然风光为主，但密布的花坛依然十分重要。

凉亭往往是租界花园中的标志性建筑，几乎所有的花园都有，而且它们还常常处于花园的正中央。维多利亚花园中有一对形制相同、大小不等的中式六角凉亭，大亭正好处于花园的正中。法国花园的圆心处有一座法式八角双柱石亭。大和公园的中心地带有一座色彩鲜艳的音乐堂凉亭。意国花园的中心有一座罗马式圆顶带尖凉亭，东西两侧还各有一座避雨亭和小花亭。德国花园内有多座茅亭，皇后花园中有两座草亭，久布利公园的土山上有一座草亭，俄国花园的西南部也曾有一座凉亭。与中式花园相比，租界花园中的凉亭往往显得过于呆板，甚至会给人一种可有可无的感觉。

除了不同于以往的景观特色，租界花园还呈现出了一系列崭新的功能分区和公共服务理念。

儿童游乐场是租界花园中一个重要的功能分区。随着租界人口的不断增加，儿童的数量也随之逐渐攀升。儿童具有活泼好动而又需要保护的特性，因此选择一些专门为儿童设立的公共空间是十分必要的，而环境优美、相对安全的花园无疑是儿童活动的理想场所。儿童游乐场又称游艺场、游戏场，虽然叫法不同，但其实质都是儿童活动的区域。除了维多利亚花园和久布利公园没有明确的记载以外，其他的租界花园都设有专门的儿童游乐场，为儿童甚至少年提供玩耍、娱乐的空间。儿童游乐场往往是吸引更多的游客前往租界花园的一大主要因素，这些花园常常因儿童游乐场的设立而变得异常热闹。秋千、滑梯、沙坑、跷跷板、游木、转椅、绳梯和爬杆儿都曾出现在当时的游乐场之中。

公共服务理念引领下的公共基础设施建设是租界花园拥有的一个鲜明特色。这首先反映在游玩的道路及其相关配置上。清代后期，花园中的道路以土路为主，进入20世纪以后，多采用碎石或细沙铺装路面。此后又改用沥青混凝土路面或水泥路面，少数精致的花园则采用鹅卵石装饰林荫道。总之，路面质量的改善为提升花园的体验效果发挥了重要的作用。道路两旁的路灯似乎是英国花园的专利，维多利亚花园、义路金花园和皇后花园中都设有精致的路灯，而其他租界花园中是否有路灯，文献中尚没有明确的记载。路旁的休息长椅也十分必要，而它们已经成为了租界花园的标准配置，不过有的花园多一些，有的则少一些。

除了花园中的路，为人提供方便的厕所也是非常重要的。不过，在租界花园时代，公共厕所并没有被普遍设置，只有英租界内的花园相对完备，维多利亚花园、义路金花园和久布利公园内都有公共厕所，以方便游客使用。此外，德国花园中也设置了男女厕所，比较人性化。

19世纪末，游览城市花园已经成为了西方人一项不可或缺的日常休闲活动。因此，租界当局普遍在租界中规划、建造了花园，以满足本国侨民的需要。租界花园的开放时间一般都比较长，大多数是从早上六点到午夜时分，可以让更多的人充分游览。

各国的花园普遍定有管理章程，只有条款多少的区别，没有制度有无的不同。不过，这些管理章程今天看来多半属于限制性规定，而这些规定又可大致分为入园和园内两部分。就入园规定而言，诸如衣衫不整的人、酗酒者、有碍卫生的人或物、各种车辆以及狗都是普遍被禁止的对象。法国花园还规定必须要有入园证，而意国花园只允许意租界的人游览等等。至于园内规定，如攀折花木，在草地、花池内行走，推婴儿车，猎捕鸟雀，损毁园中设备等行为都是被禁止的，而德国花园和俄国花园还规定不能在园中野餐，大和公园则有公共集会必须要得到租界当局允许等规定。

尽管租界花园有这样或那样的规定和限制，但很多人，特别是外国侨民，还是比较认可它们的，前去游玩的人络绎不绝。无论是纳凉避暑、亲近自然，还是谈情说爱、读书休闲，花园总能带给人们惬意舒适的感觉。而对于广大中国人，特别是当时身处天津的民众来说，在西式花园中散步、赏景、游戏的休闲方式也给他们带来了思想上的启示和生活上的变化。天津的百姓也很快就将花园视为了生活中不可或缺的一部分，休闲、卫生、运动的概念逐步深入人心，民众在潜移默化中被近代化了。

租界花园诚然有许多好处，但其普遍存在的浓重的殖民主义色彩也是不容忽视的，而纪念性雕塑和游园歧视规定是两个最明显的表现。

大多数的租界花园都会立起一座纪念历史事件的雕塑，而且基本上都与中国有关。为了纪念第一次世界大战的胜利结束，维多利亚花

和平路的前身法租界杜总领事路街景

园中建起了欧战胜利纪念碑，法国花园里铸造了一座"和平女神"圣女贞德像，意国花园前的马可·波罗广场中央则树起了一座欧战纪念塔。如果说英、法、意三国的雕塑还算是平和的话，那么俄国花园中的纪念堂和大和公园内的"北清战役纪念碑"就严重地伤害了中国人民的感情，充分地暴露了帝国主义国家的侵略本质，同时也反映了城市花园所具有的政治意义。

纪念物之外，具有歧视性的游园规定则更令人气愤。这类规定主要表现为入园时的限制和园内游玩时的隔离。维多利亚花园、法国花园和大和公园定有明确的限制华人入园的条款。只有中国的官僚、富商，或者与洋人相识的人才能入园游览。普通民众要有入园证明方可入内，同时还被限定游玩的时间。即使进入租界花园，恐怕还要忍受隔离带来的不悦。法国花园和意国花园都设立了外国人的专门休闲区，不允许华人进入。而意国花园还划出了外国儿童游乐区和中国儿童游乐区，中国小朋友不允许到外国游乐区里面去，但两片活动区里的设备则完全相同。

租界花园的命运是与租界的命运紧密联结在一起的。租界存在时间的长短，租界内政治、经济状况的优劣以及租界文化气质的形态都决定了租界花园发展的好与坏。英、法两国的租界存在时间长、政治稳定、经济繁荣，且与华人的关系比较和谐，因此租界内的花园发展良好，并且被保留到了今天，依然是几处重要的城市花园。20世纪20年代，中国政府收回了德、俄两国的租界，但两座花园的发展和归宿却大相径庭。当时的政府对德国花园的管理并不如德国人自己管理得好，花园破败得很厉害，但最终还是保留下来了，被改造成了解放南园。相反地，俄国花园在华人的管理下更加生机勃勃，但终因日寇的强占而消亡。

总之，近代以来的租界花园同外国租界一样既给我们带来了屈辱，又留下了宝贵的历史印迹。它们的存在对天津现当代花园的发展产生了深远的影响。

英国租界

维多利亚花园东北侧一街之隔的利顺德饭店

维多利亚花园

公园,作为一种开放的公共设施,不仅是社会各个阶层日常休闲娱乐的场所,而且也是国家举行盛大庆典的地方。一个国家级的庆典活动往往是国家实力、民族精神的象征与载体,而承办这一活动的公园也常常会被赋予国家和民族的使命。18世纪和19世纪正是英国近代市民社会以及"国家国民"形成的时代,因此英国政府常常通过建造公共建筑、完善公共设施的方式来彰显英国国王亲切爱民的形象,从而树立国家形象。随着海外租界的设立,这种思想理念也被带到了中国;而维多利亚花园就是在这样的背景下产生的。

维多利亚花园坐落在英国租界维多利亚道(又称"中街",今解放北路)与咪哆士道(今泰安道)交口的西北侧,西南邻海大道(今大沽北路),北邻宝顺道(今太原道),占地面积1.23万平方米,与同治二年(1863)建成的利顺德饭店仅一街之隔。

维多利亚花园所在的区域原本是一片臭水坑。咸丰十年(1860),天津设立英租界以后,英国工部局结合海河清淤工程,对维多利亚花园的所在局域进行填筑,并使之成为了城市公园。不过,建设之初只是做了些平整场地和简单绿化的工作,并没有任何完备的设施。公园的管理也比较粗疏,经常出现垃圾成堆的现象,只是在有人打板球时,才会清扫。

光绪十三年(1887),恰逢英国维多利亚女王即位五十周年庆典,英租界工部局对该园进行了投资和整修,并于同年的6月21日,即女王即位纪念日的当天,正式对外开放。这一举措深受租界内居民的欢迎,并将其视为五十周年庆典在天津的永久纪念物。纪念日当天开园时,园内举办了运动会,德璀琳(Gustav von Detring)和璧利南(Byron Brenan)还在此发表了演讲。晚间,公园内还举行了盛大的焰火表演,吸引了许多中国民众涌入租界观看。因该园地处维多利亚道旁,且具有纪念意义,故定名为"维多利亚花园",又称"英国花园"。

光绪二十三年(1897),维多利亚女王即位六十周年,

— 租界花园 —

20 世纪 30 年代维多利亚花园鸟瞰

维多利亚花园再次举行了盛大的庆典活动。为了方便人员进出，英国工部局将位于公园东北侧的小门改造成了一个较大的门，并在公园的西南角增添了一个入口，以方便其他租界的居民入园游览。

维多利亚花园总体上近似于正方形，基本采用非对称、自由式的布局结构，以绿地草坪为主要景观，配以几何式的花床和规则的路径，没有任何地形上的起伏。

公园的中央设有一座中式六角攒尖凉亭，周围环以六块小型花池，植有地被花卉；有四条辐射状道路与公园的四角相连，这里是全园的主景。

中央凉亭的东北侧不远处有一座小型的六角凉亭，形制与大亭相似，故两亭被称作"子母亭"。建园初期，这里本是一处消防井，光绪三十三年（1907），出于安全方面的考虑，曾在井边设置了栏杆，但在公园协会的建议下，最终还是将井填平，并在上面建起了与中央凉亭风格一样的这座小亭子。

初建时期的维多利亚花园和园中央的六角亭

20世纪20年代末的维多利亚花园和清晰可辨的子母亭

任何人看到维多利亚花园中央的中式凉亭后，或许都会产生租界花园肯定会带有当地特色的想法，但实际上，中国的塔、亭、桥之类的东方建筑，曾在18世纪中叶到19世纪初的欧洲园林中被大量使用过。

维多利亚花园中的中式凉亭是英国风景式园林中一种常用的设计手法，称得上是中国文化的输出与再回流，而并非是由于地处天津才会采用中西合璧手法的折衷主义。当然，由于建造维多利亚花园时聘用了许多中国工匠，因此这座凉亭肯定采用了清末官式的做法，而有别于英国风景式园林中带有洛可可风格的中式凉亭。

— 租界花园 —

中央六角亭东北侧的子亭

保留下来并不断经历修缮的中央六角凉亭

花园的西南侧有一座单坡面、立窗式、半地下的花房，上覆白灰焦渣，顶部堆土形成台地，种有花草，可供人散步、休息。1916年，原来泥土做的花房被改为混凝土的新花房，并在建筑内配备了两间厕所，成为公园内最早的卫生设施。该花房于1976年唐山大地震中损毁，1979年被拆除。

建园初期，公园的东南角曾设有兽槛，展示鹦鹉、火鸡、鹿等观赏性动物，并雇佣中国人管理，堪称津门第一座动物园。不过，由于越来越多的人认为这些动物不够卫生，而且过于吵闹，加之他们怀疑管理者虐待动物，因此英租界工部局为了避免麻烦、减少开支，终于在光绪二十四年（1898）将鹿以外的动物全都搬走了。

最早矗立在海光寺前的大钟

维多利亚花园中报警用的大钟

光绪二十六年（1900），英租界工部局在公园的东南角放置了一口大钟，用于发生大火或军队入侵时的报警。大钟为青铜材质，重650千克，悬于八字形腿支撑的钢梁之下，钟绳直垂于地面。钟座为圆形砖石结构，内部中空，四面各设一门，门口有砖红色发圈。各门间设一装饰圆窗，外有发圈环绕。钟座顶部，外饰层三处上枋式檐口。发圈、圆窗、檐口处皆有繁复的雕花文饰。

说起这座大钟的命运，在近代天津的历史上则颇为传奇。光绪七年（1881），德国政府为了"感谢"清政府购买他们最大的军舰，而将这口铸造于1878年的青铜大钟送给了清政府。时任直隶总督兼北洋大臣的李鸿章便下令将其悬挂在了天津海光寺的门外。

光绪二十六年（1900）庚子事变时，日军占领海光寺，掠走大钟，随之赠给了英租界工部局，英国人遂将其放置在维多利亚花园中用作了火警钟。

— 租界花园 —

花园围墙内的报警钟

位于花园东南角的大钟

1921年，为了纪念在第一次世界大战中阵亡的英国士兵，战争纪念委员会建议将大钟挪走，在原地建造一座纪念碑。有人提出将大钟运回英国博物馆陈列，后经中国有关方面的交涉，英国人放弃了运大钟回国的企图；此时又恰逢南开大学八里台新址落成，遂将该钟送到南开大学，成为了学校的校钟。1937年，日寇占领天津。这座大钟与一批图书和仪器设备被日军掠走，从此下落不明。

维多利亚花园中的欧战胜利纪念碑

为了强化国民意识，一战胜利以后，英国当局在公园内设立了欧战胜利纪念碑。该纪念碑由利顺德饭店董事长威廉·海维林捐赠，下方刻有铭文"THE GLORIOUS DEAD"（光荣的死）和罗马数字"MCMXIV""MCMXIX"，分别代表了第一次世界大战开始的1914年和《凡尔赛和约》签订的1919年。欧战胜利纪念碑高约5米，基座呈方形，有四层，层层内退。整体上模仿英国白厅的和平纪念碑，为Art Deco风格，香港、百慕大以及奥克兰的同类纪念碑也都采用同样的设计。而与其他的纪念碑不同的是，维多利亚花园内的纪念碑的正面刻有十字架形的浮雕，浮雕内刻有执剑人像。更为特别的是，该人像不同于大多数学院派风格手臂交叉于胸前、背后翅膀成一字型的写实主义处理手法，而是其手臂摆放方式与翅膀的雕刻手法与带有永生意味的埃及木乃伊和图腾圣甲虫极为相像。纪念碑的设计者通过带有永生意味的埃及符号，表达了对死者的哀悼与纪念。欧战胜利纪念碑于新中国成立后被拆除。

纪念碑上清晰可见的浮雕与铭文

— 租界花园 —

维多利亚花园建成之初，北侧一角曾为马术训练场。光绪十六年（1890），英租界工部局在此地建造了一座工部局大楼，为了纪念最初划定租界的戈登而定名为"戈登堂"。戈登堂由建筑师昌布尔设计，采用中世纪哥特式古堡风格，共花费白银3.2万两。因有戈登堂的存在，故维多利亚花园又被称为"戈登花园"。

维多利亚花园北侧的戈登堂

1937年5月装饰彩灯的戈登堂

在浪漫主义思潮的影响下，18世纪的英国园林设计师逐渐将中世纪的建筑、废墟、岩洞等景观引入到英国自然风景式园林的设计当中，为其增加朦胧、神秘和忧郁的意境。在许多英国文人和士绅的眼里，中世纪的哥特式建筑继承了古代北方民族的文化精髓和精神特质，是不列颠人民勇敢、自由、勤劳的象征。英国工部局将地位相当于市政大厅的工部局大楼建成带有民族自豪感的哥特式古堡建筑，并作为维多利亚花园的背景，充分暴露了英国殖民者的优越心理和野心。

1945年抗战胜利以后，戈登堂成为了天津市政府的办公用楼，并一直沿用到新中国成立以后。后因1976年唐山大地震损毁严重而被拆除，并于1981年在原址新建了一座市政府大楼，因此曾经的维多利亚花园又有了"市委花园"的称呼。

维多利亚花园建园之初，公园四周设有下为砖石上为铁栏杆的围墙。1918年，因道路拓宽，沿维多利亚道一侧的园界向内退，并于东南角的转弯处形成了一个内凹式的空场，此处还开设了一座铁艺小门，门框为曼陀罗装饰。门口悬挂一块小牌，上面用中英文写着"不准携犬入园"的字样。原有的围墙也于此时拆除，改成了铁艺护栏。

公园内原本都是土路，光绪三十三年（1907）铺装成了碎石路，1933年又改成了沥青混凝土路面。早在宣统二年（1910）时，公园内就已设有照明用的电灯。起初电线被埋在地面之下，但由于园丁翻土时经常会破坏电线，因此工部局建议将电线放至在防火土管中埋

20世纪20年代的维多利亚花园

在地下，但由于1917年9月的洪水导致地下水水位上升，而使计划最终搁浅。此后，工部局决定改为架设高架电线，并将园内开关安放在了园丁室。

维多利亚花园的东北和东南侧，临近围墙的地方，均设有一排长方形的花坛和花坑，种植着各种草花灌木。而在园内主要道路的两旁均设有木制花架，上攀紫藤等植物。20世纪20年代，园内主要道路的两侧又放置了两排圆形花盆，在其中种植各色小乔木，作为行道的装饰。1927年，在花园的西南方向又增加了一座造型独特的花架，二平一拱，颇似王冠，彰显着盛世与征服。这座花架损毁于1976年的唐山大地震中。

维多利亚花园中的花架

― 租界花园 ―

从维多利亚花园北望戈登堂

建园之初，公园花木的日常养护都是由亨特夫人（W. H. Hunt）负责。随着公园建设的日趋完善，到1920年，园内贫瘠的草坪土壤被全部换成了优良土壤。1925年，工部局首席园丁兰格（Curt Lange）开始管理英租界内所有的公园和苗圃，其中也包括维多利亚花园。兰格将公园的土垫高，在花坛底层铺上焦油纸，并将草坪和花坛的边缘用砖混材料代替原来的木栏栅或铁栏杆，以此防止土壤碱化，并在草坪中增添了自动洒水设备，以应付春季的干燥。在他的努力下，草坪的状况得到了良好的改善，始终都能保持生机。此后，维多利亚花园又将美国运来的一批冷杉树栽种到了公园的北侧。又从英国收集来一批较好的植物和种子，放在花房中培养。

在兰格的设计和管理之下，公园内种植了大量的花草树木，其中主要包括：挪威云杉、法国梧桐、银杏、刺柏、金钟柏、柳树、白杨、国槐、丁香、桃树、樱桃、玫瑰、紫藤、柴藤、美国蔓藤、紫葳藤等，温室中培育有：灯笼海棠、向日葵、铁线莲、杜鹃花、康乃馨、兰花、紫罗兰、矮牵牛花、三色紫罗兰、石竹花、桔子花、大岩桐、飞燕草、报春花、凤仙花、西番莲、冰叶日中花、半边莲、木犀草、含羞草、旱金莲花、天竺葵、日本百合等。20世纪二三十年代是维多利亚花园最为美轮美奂的时期。

1937年5月，为庆祝英国国王乔治六世加冕，公园内举办了加冕周，过于拥挤的人群使园内草木破坏殆尽，之后连续两周的暴雨又使得花房内的花草除菊花外无一幸免。1939年，天津发生大水灾，市内的公园、花园、苗圃、花房全部遭到严重的破坏，洪水和淤积地表水使得租界内60%的乔灌木死亡。太平洋战争爆发后，日军全部接管了在华的租界地，曾经辉煌的维多利亚花园开始走向衰败。

规则的园林设计今日依然清晰可见

  维多利亚花园的造园风格属于英国自然风景式园林中的疏林草地形式，东北侧草坪平坦开阔，仅在边缘，沿道路种植有稀疏的树木，西南侧种植较密。

  由于维多利亚花园建成于折衷主义兴起的19世纪，并且在布局上既采用几何式的花床和规则的路径，又在中心点缀中式凉亭，还以哥特式古堡建筑作为公园背景，因此一些人将其风格归纳为折衷主义或集仿主义。但细绎之就会发现，这些元素的选择并不是随意的，而是在晚期英国自然风景式园林的深刻影响下形成的。

  18世纪70年代，在英国自然风景式园林的最后阶段出现了两种新趋势，一种是崇尚荒蛮景观的画境式风景，另一种则是以胡弗莱·雷普顿（Humphry Repton）为代表的追求整洁、简明和优美的乡村式风景。雷普顿从理念上将园林和林苑区分开来，只将园林定位在居民住宅附近较小的范围之内，同时特别强调场所的便利性，而且景观的美也要与之相匹配；因此他设计了几何式的花床、规则的路径、小水池以及在花床旁的草地上种植的未加修剪而成簇的灌木。上述这些特点都能在维多利亚花园的布局中得到印证；这样的设计，在19世纪末的天津英国租界，充分展现了维多利亚花园邻近住宅、亲切自然的乡村景观特色。

— 租界花园 —

20世纪30年代的维多利亚花园

维多利亚花园建园初期，公园里曾有一支公共乐队，乐队的创始人就是中国海关总税务司赫德（Robert Hart）。大约在光绪十二年（1886）前后，他从英国定购了一批西洋铜管乐器和乐谱，招募年轻乐手，聘请德国人毕格尔（M.Bigel）担任艺术指导，组成了"赫德管乐队"。这是中国历史上第一支西洋乐队。每逢夏季，赫德管乐队便在维多利亚花园每周举行一次露天音乐会。

维多利亚花园的管理制度比较完善，共有十条管理章程，诸如"摘花折树""在草地上推婴儿车"都是被禁止的。公园内还设立了一名巡捕，每隔一小时巡视全园一次。他的手下有三名苦力，专门负责驱赶公园周围树木上筑巢的乌鸦。维多利亚花园也有较为明确的开闭时间，一般来说，夏天的终止时间为中夜，冬天则为晚上九点。

维多利亚花园自建成之日起，就始终制定有对华人入园的歧视性条款。光绪二十一年（1895），英工部局表布了一则公告，文中说："查本局花园之体，原为供西国官商游玩、休息之所，而华国官商亦可藉此来游玩。如近来华人观览者有日多一日之势，故西国官商大有地窄人稠之叹。为此特示：自西历八月初一日即华历六月十一日起，凡来游玩之华国人，应于前一日由达本局外事房注明同游几人，以使领取准票，届时方可进园，外除者不准擅入，并不准携带他人，以示。本园每日下午五点以后，华人概不准进园，宜恪守。此谕。"直到1926年出版的《天津租界及特区》一书中仍记载有"华人未经董事会理事或巡捕长许可者，自行车、军乐器及狗，皆不许入园"的规定。这种歧视性的规定为后来的租界花园所效尤，成为了殖民主义者的罪证。

维多利亚花园西南方向的风景

20世纪30年代末雪后的维多利亚花园

1941年12月7日，太平洋战争爆发，日本向英、美宣战。8日清晨，日军进驻英租界。1942年，维多利亚花园被日军接管。同年，咪哆士道更名为南楼街，维多利亚花园遂更名为"南楼公园"。1945年抗战胜利以后，南楼公园由国民党政府接管。维多利亚道更名为中正路，故此该园又更名为"中正公园"。英租界也于同年被收回。

新中国成立以后，中正路更名为解放北路，曾经的维多利亚花园遂定名为"解放北园"，并沿用至今。从20世纪50年代起，天津市人民政府对解放北园进行过数次整修，堆建太湖石假山，增加树木和草坪的数量。1976年唐山大地震以后，曾作为市委办公楼的戈登堂损毁严重，遂于1981年拆除，并在原址新建了市政府办公楼，公园面积缩减至8900平方米。

20世纪90年代初，公园的东南角设置了大型壁画雕塑和圆形喷水池。壁画雕塑为环行，中为汉白玉所制，上有浮雕太阳、帆船、神像等海河文化元素。雕塑两侧设有水泥花架，上攀紫藤等植物。雕塑前设有碎拼花喷水池，点缀有太湖石若干。此后，喷水池又改成了一尊铜制雕塑，上雕两名女子，一女吹箫，一女抚琴，下书"和谐"二字。

— 租界花园 —

郁郁葱葱的解放北园

  进入 21 世纪以后，太湖石假山被青石假山替代，假山内设置了管理间和公共卫生间。中央凉亭四周的草坪上植有桧柏数棵，皆已成型。园内南侧的草坪改成了活动场所，设有乒乓球、羽毛球、儿童游乐器械，每日游人不断。20 世纪 50 年代种植的树木，现已变得十分高大茂盛。曾经的木制花架早已被青砖镂空立柱所取代，并与坐凳相连，上架钢筋混凝土横梁，攀有紫藤等植物。

义路金花园

英租界开辟以后，英国侵略者的野心日益膨胀，一直蓄谋再度扩张。光绪二十一年（1895）甲午战争结束以后，德、日两国相继要求开辟租界，英国便乘机以"洋行日多，侨民日众，租界不敷应用"为借口，要求将英租界的范围从海大道向西扩展至墙子河内侧的围墙（今南京路北侧），共计土地109万平方米，这就是光绪二十三年（1897）的英租界扩充界。义路金花园就坐落在扩充界东南部的繁华之地小白楼平安电影院的东南侧。

在咸丰十年（1860）设立英租界的同时，美国也乘机攫取了一块中国领土，划为租界。美租界东临海河，西至海大道，北接博目哩道（今彰德道），南至开滦胡同（今开封道），占地面积8.7万平方米，与英租界毗邻。不过，由于19世纪六七十年代的美国国内政局动荡不安，因此美国政府始终未对远在大洋彼岸的天津租界进行实际的管理，只不过在形式上由美国领事馆在此行使权力。光绪六年（1880）以后，美租界已处于无人管理的状态。由于美租界与英租界相连，英租界又限制商贩的活动，因此这里便逐渐成为了摊贩聚集的场所，陆续出现了酒馆、烟馆、赌场，形成了"吃洋饭"的人们娱乐、消费的地区。

光绪二十六年（1900），八国联军入侵天津，那些尾随侵略军而来的形形色色的冒险家多在美租界落脚，寻求发财致富之道。由于这里紧挨美国兵营，因此洋商、洋兵纵情行乐，刺激了这一带的"繁荣"。光绪二十八年（1902），英、美两国私相授受，美租界并入了英租界。此后，英商先农公司在20世纪前三十年持续在此地建房并开发商业门脸，为这一地区的繁荣打下了坚实的基础。随着英、法租界商业、金融业的发展以及1917年俄国十月革命胜利以后大量白俄的麇集，这里最终形成了以外国人、官僚、买办、政客、军阀为服务对象的"销金窟"，也就是后来的天津人耳熟能详的"小白楼"。地处前美租界西南方向的英租界扩充界也相应地被纳入到了小白楼地区的繁华之中，而平安电影院就是此地一家历史最为悠久的娱乐场所。

平安电影院是天津第一家电影院，始建于宣统二年（1910），英文名称为"Arcade"，当时坐落在法租界葛公使路（今滨江道）与海大道交口的转角处，主持人为英籍印度人巴厘（Bari）。1916年，巴厘又在今国民饭店一带兴建了一座新的平安电影院，英文名为"Empire"，并开设了平安咖啡馆。1919年，因平安咖啡馆厨房失火，殃及全院，遂将平安电影院迁到了特一区作为过渡，英文名为"Biography Cinema"。1922年，全新的平安电影院正式落户在英租界小营门，英文名称为"Empire Theater"，直到21世纪初的全面改造。

义路金花园始建于1925年，是英租界内继维多利亚花园之后修建的第二座花园。因其地处围墙道（Elgin Avenue，今南京路）旁而得名义路金花园，又因其坐落在平安电影院的东南方向，故此也被称为"平安公园"。花园占地面积4100平方米，是租界花园中规模最小的，只是一座供人休憩的街心花园。建园之初，花园的四周曾建有围墙，下面是不到半米高的水泥墙基，上面是造型精致的铁艺护栏。1941年以后，日本人将其拆除。

义路金花园总体上采用自然式布局的造园手法，设计上简洁明快。全园以绿化为主，栽种了许多花草树木。作为全园主景的三座花架上布满了我国的良种植物——紫藤萝。沿路的树木和花架下设置了很多坐椅，同时也设置了路灯。园内设有一处仅限于14岁以下儿童使用的小型儿童游艺场，安装了秋千、跷跷板、滑梯等游艺设施。由此也吸引了许多成年人带着儿童前来游玩，故此又有"儿童公园"的称呼。此外，花园内还设置了管理室和厕所，供人使用。义路金花园定有八条公园管理章程，内容与维多利亚花园大致相同，但没有限制华人入园这一条，不过入园必须衣服整洁。

1945年抗战胜利以后，义路金花园被正式更名为"平安公园"，并一直沿用到新中国成立以后。1974年，天津市政府拓宽南京路，占去了平安公园的大部，公园面积仅剩下不到2000平方米，变成了一处封闭式的街心绿地，故此又被称为"小白楼三角绿地"。21世纪初，音乐厅地区改造，仅有一小片绿地的平安公园也随之消失了。

久布利公园

光绪二十三年（1897），英租界完成第一次扩张之后，他们就又开始酝酿再一次扩张。光绪二十七年（1901），英国驻津总领事金璋（Lionel Charles Hopkins）以"存留作为英国日后扩充租界之用"为名，制订了一个《英墙外推广界合同》。该《合同》明确地阐述了扩充租界的理由，并对扩充范围做了细致的规划。此后，在这个《合同》的基础上，经过中英双方的会商和对扩充区域界限的"细查立橛"，拟出了《英国围墙外扩充租界章程》，将英租界跨过墙子河（今南京路），向西南方向推至海光寺道（今西康路），东南方向以马厂道为界扩展到佟楼，土地面积总计262万平方米，称为"墙外租界地"或"推广界"。光绪二十八年十二月（1903年1月），天津海关道和英国驻津总领事正式发布了《英国围墙外扩充租界章程》，规定扩充租界内的工商、税收、司法均归英租界工部局管理，同时声明推广界的确立。1924年，北洋政府直隶交涉署正式承认了英租界推广界的存在。久布利公园就坐落在推广界的西南部。

久布利公园位于英租界大北道（今贵州路）、奥克尼道（今昆明路成都道至营口道一段）和福发道（今岳阳道）三路的合围处，呈三角形，占地面积约7430平方米。

在划入英租界之前，久布利公园本是一片坑洼荒地，后由大地主孙玉谋购得，占有了几十万平方米的土地。光绪二十九年（1903）英租界推广界成立以后，英国工部局准备垫高租界的地面，但此时孙玉谋无力向租界缴纳垫土的费用，便只得用三块洼地做抵押，而日后久布利公园的所在地正是这其中之一。

20世纪60年代的土山公园

1927年，英国工部局在大北道修建大口径的下水道，挖出的土方堆积成了高约五六米的小山，人们便利用这座小土山建成了久布利公园。而因园内有土山，所以当时的人们便已称之为土山公园了。

久布利公园以自然式布局为主，间有少部分规则造园的手法，整体上比较简练得体。全园以花池为主，周围遍植有各色乔、灌木和松柏等常青植物。园中栽种的小叶梣（俗称"洋白蜡"）在英租界中屡见不鲜，堪称天津市市树绒毛白蜡的前身。

公园的正门设在东北角，由一座拱顶式石柱花架引入，花架上布满了紫藤萝。公园的中心是一处圆形的小广场，

土山山顶的混凝土四角方亭

广场正中是一座汉白玉雕成的喷水花池，花池周围是六个扇形的花坛。公园的西部便是那座土山，四周缀以山石，山顶还设置了一座草亭。游人可以拾级而上，坐在草亭中，一览全园的景色。山腰处遍植花草树木，别致而幽静。此外，久布利公园内还设置了公共厕所，以方便游客使用。

久布利公园的四周曾设有铁艺围墙，颇为美观，彰显着英国园林的特色。1941年太平洋战争爆发以后，日本侵略军封锁并进驻英租界，铁艺围墙被拆除，游人可以从四周没有树的地方随意进出公园，园内的花草也因此凋零荒芜。

日军进驻英租界以后，将英租界更名为"兴亚第二区"，并将久布利公园更名为"南山公园"，或称"兴亚二区第三公园"。1945年抗战胜利以后，南山公园更名为"美龄公园"。新中国成立以后，定名为"土山公园"并一直沿用至今。

精心设计的花坛和远处高大的乔木彰显了规则与自然两种构园理念的融合

岩园的假山

　　1982年，土山公园进行了1500立方米土方的改造，整修山体，添加了多种观赏花木。1986年，土山山顶的草亭被拆除，改建成了一座混凝土结构的四角方亭，并重新修整了甬路。

　　1989年，土山公园的南部建起了一座"岩园"，与西部的土山相互呼应。峰峦峭峻的假山之上配有一帘优雅的叠水瀑布，山下筑一水池，瀑布飞流而下，池水清澈见底，山水相映，引人入胜。园内海棠成林，绿篱成墙，花坛栽满月季，花架布满青藤，畅游园中，令人心旷神怡，美不胜收。

　　此后，在基本保持昔日格局的基础上，土山公园又进行了不断的整修。在1998年的改造中还增加过碰碰车等娱乐设施。2012年，土山公园再一次得到提升，总面积增加到7520平方米。园内进行了大面积的绿化改造，补种植物三万余株，增加了三块活动场地，并改善了原有的水系景观和夜景灯光，为市民保留了一处优质的城市绿洲。

皇后花园

1920年，旅居天津的英国侨民为纪念维多利亚女王，在董事道（今曲阜道）集资兴建了一座英国侨民医院。1937年，医院迁入了英租界推广界的北部，敦桥道（今西安道）47号，大门位于益世滨道（今柳州路）与孟买道（今潼关道）的交汇处。这便是天津市胸科医院的前身。

为了保证英国侨民医院有一个良好的就医环境，英租界工部局于同年将医院东部的沥青混凝土搅拌场迁到了海光寺道（今西康路），随即将其原址一分为二，东部建造了一座游泳池，西部修建了一座皇后花园。最东端的游泳池便是新中

20世纪30年代皇后花园的秋千

皇后花园曾经规则的园林格局依然清晰可见

国成立以后的天津市第二游泳池,也就是大名鼎鼎的"二池",直到 2007 年停业,改做他用。

皇后花园占地面积 9520 平方米,总体布局为半规则式英国园林风格,中轴线隐晦、含蓄,却能统一全园。同时,深受维多利亚花园的影响,运用了大面积的草坪、花坛以及规则修剪的树木制造出丰富的植物景观,颇具欧洲传统园林的特色。

皇后花园的四面都有出入口,四周原本是木板条隔栅的围墙,彰显着浓郁的英国花园的特色,后来改成了砖墙。园内还安装有精致美观的路灯。花园的中心部位是不同形状的花坛和草坪,四周以树木掩饰边界。外围环路曲折有致,三条园路由花园中部的组合花坛向外呈放射状。花园的东部建有一个长方形的儿童游戏场,并以通长为 95 米的大葡萄架将其与公园分隔开。游戏场内

20 世纪 50 年代在大葡萄架下游园的儿童

设有多座秋千、滑梯以及沙坑等娱乐设施,吸引着众多少年儿童到此玩耍嬉戏。花园的西部是植物观赏区,种植有杨树、国槐、小叶梣、栾树、海棠、松柏等高大的树木,并设有两座草亭,整个环境优雅而静谧。

1941 年太平洋战争爆发以后,日本侵略军封锁并进驻英租界,将英租界改名为兴亚第二区,皇后花园更名为"黄稼花园",或称"兴亚二区第四公园"。这个时期,皇后花园被逐渐荒废,破败不堪。1945 年抗战胜利以后,黄稼花园更名为"复兴公园",并沿用至今。

新中国成立以后,复兴公园经历了多次整修。最先是拆除了公园东北角的水罐和泵站,扩大了公园的面积,充实了园容景观。20 世纪 70 年代以后,公园的砖砌围墙被改成了低矮的铁栅栏,并修建了儿童战略防空洞、铁索桥等设施。

保存完好的大葡萄架

— 租界花园 —

复兴公园西侧的碑廊

到了20世纪80年代末，整修一新的复兴公园呈现出了一派繁荣的景象。全园被划分为三个景区。东部是儿童游艺区，不仅有滑梯、转椅之类的幼儿活动场地，而且还有赛车场、电子游艺室等供青少年游戏的设施。

花坛与树木相互映衬

公园的中部是花木观赏区，也是全园的重点，约占全园面积的70%。其间有近百米高的块状石柱大花架将儿童活动区分隔，又用景门、画廊、甬路等手法和中部有机结合，使全园既区分有秩，又浑然一体。中部充分利用了原有的几何图形的规则式花坛，广植草花、灌木、果树、常绿树和高大乔木。在东西中轴线上设置雪松和月季坛。其余的花坛、树池都采用组团式栽植方法，即树冠线由低到高有层次地向外展开，先是丁香池、紫薇池、海棠林、苹果林，再是三株合欢、五株国槐，临街沿线，则是杨树参天。

公园的西部是全园的高潮，前面是425平方米的碑廊，数位津门书法名家书写的四十余幅墨宝被镶嵌在廊壁的大理石上，廊间还有梅花形、月亮形的门洞。碑廊以西是假山和叠水瀑布，与儿童游艺区相映成趣。

复兴公园西侧的假山叠水与曲桥

20世纪90年代后期,中心草坪被改为铺装地面,增添了大量坐椅,儿童玩具被迁出,儿童游艺区改成了单位用房。公园中心轴线明显突出,左右对称。2010年,复兴公园再一次提升改造,占地面积扩大到1.1万平方米。假山叠水的景观得到完善,曲廊尽头设立了景亭,水中搭建了曲桥,使人们能够近距离地观赏叠水瀑布和荷花美景。海棠树下放置了若干把座椅,供游人赏玩、休息。入口两侧的小广场上还设置了许多健身器材,方便附近的居民到公园里休闲、锻炼。

法国租界

海大道花园

咸丰十年（1860），英法联军相继攻占了天津和北京，迫使清政府与之签订了《北京条约》，除了承认咸丰八年（1858）签订的《天津条约》完全有效以外，还增开天津为商埠。英法两国随即在天津城东南方向的海河右岸划出了一片区域作为英、美、法三国的租界。因此地有一座名为紫竹林的小村庄，故三国的租界当时通称为"紫竹林租界"。此时的法国租界处于紫竹林租界的西北端，东、北两侧均面临海河，西至海大道（今大沽北路），南至英租界的宝士徒道（今营口道），占地面积24万平方米。

光绪六年（1880），法国人跨出租界，在海大道与日后的巴斯德路（今赤峰道）交汇处西南方向的空旷场地上建起了一座海大道花园，这是天津第一座由外国人建造的花园。

根据刊刻于光绪十年（1884）张焘的《津门杂记》的记载，海大道花园占地面积10万平方米左右，已初具规模。园中路径曲折，遍栽花木，小桥流水，绿树成荫。每当夕阳西下之时，西洋人多携带眷属到此地休闲、消遣，而中国人在这里散步、闲游，也并不受限制。可见，海大道花园是一处以自然风光为主的郊野公园，并没有过多的人为规划的痕迹。

当时海大道以西多为坑洼等沼泽地，很少有住户，而后来的劝业场至墙子河一带的西开地区那时也是一片荒凉。法租界当局为了侵占更多的土地，便跨过海大道，从日后的劝业场地区向墙子河修建了一条马路，并私自在马路两侧购地建房。光绪二十六年（1900）八国联军侵占天津以后，成立了都统衙门，法国人便乘机将非法侵占的土地强行纳入了租界的管辖范围，形成了东北至海大道，东南至圣路易路（今营口道），西北至秋山街（今锦州道），西南至甘总领事路（今南京路），面积达133万平方米的扩充界。

随着租界内建筑的大规模发展，海大道花园被逐渐废弃，取而代之的是坐落在其西南方向的法国花园。

法国花园

20世纪初，在法租界扩充界得到确立以后，法国人便开始了大规模的租界建设活动。1917年，法租界公议局在海大道花园旧址的西南侧建造了一座颇具法国古典主义园林风格的街心花园——法国花园，1922年全面竣工，并对外开放。因其被霞飞路（今花园路）环绕，故又被称为"霞飞广场"。

— 租界花园 —

二十世纪三十年代的法国花园俯瞰图

法国花园是半径为65米的正圆形法国规则式平面花园，占地面积1.33万平方米。整个园区被同心圆和六条辐射状的甬路向四周发散分割开来，并通向六座园门。园中甬路由彩砖和小鹅卵石散铺而成，组成了公园内的路网。

21世纪中心公园鸟瞰

— 租界花园 —

花园中心的法式八角双柱石亭

法式八角双柱石亭近景

整座花园的中心、同心圆的圆心是一座法式八角双柱石亭，各角均以双圆柱支撑，小筒瓦八角坡顶。石亭四周环抱着花坛和草坪。若置身亭中，向四周环视，最近一圈是红红绿绿的洋绣球花，再远一层是绿草如茵的空场，草坪被修剪得像地毯一般整齐，再远到园边，便是茂密的各色杂树，将花园中的幽静与都市的繁华巧妙地分隔开来。花园的四周则环绕着低矮而通透的铁栏杆。

化身和平女神的圣女贞德铜像

和平女神铜像侧影

　　花园的西端立有一座化身"和平女神"的圣女贞德的铜像。圣女贞德是英法百年战争中法国的传奇女英雄。这座铜像右手持宝剑，左手握剑匣，做宝剑入匣的动作，寓意刀枪即将入库，和平终要降临；铜像后刻有雄鸡引颈长鸣，象征黑暗已经过去，光明正在来临。雕刻者意在通过这些形象来纪念第一次世界大战的结束。铜像落成时，法国的霞飞将军曾专程来津参加庆典，并为铜像剪彩。

　　中央石亭两侧遥遥相对的是两架半圆形藤萝架。春天，紫藤花开，随风飘荡；夏令，藤角半熟，绿叶正可遮蔽阳光，是人们纳凉休息的好地方。花园的草坪上种植着国槐、杨树、海棠、皂荚、枣树以及<u>一丛丛</u>的美人蕉，彰显了法国花园优雅而时尚的风采。花园中还设有两处儿童游戏场，秋千、跷跷板、转盘一应俱全。

与英租界的维多利亚花园相类似,法国花园也制定了章程和限制:"(一)下列各项人物不准入园:甲、无本租界公议局董事会发给之入园证者;乙、衣服褴褛者、酗酒者以及一切可以搅扰或污秽公共游兴者;丙、无人牵引之犬以及各种车辆,惟小孩用车、病人游者不在此限,然亦不准碍道。(二)除指定游戏地点外,不准在草地、花池上及花树内行走,亦不准折取花朵、毁坏花草、挖掘土地、攀扒树木、哄起或猎取鸟雀、破坏公物及污秽坐凳等事。(三)不准搅扰小孩玩耍,然小孩玩耍亦指有一定

花园中的外国小孩在玩耍

地点,不准随便到处乱耍。(四)有违反本章程者,科以五角至五元之罚金,如有毁坏花物者,并须按值赔偿;情节重大者,则取消其入园证。"此外,花园门口的说明牌上还写有"惟华人非与洋人相识者或无入园券者不得入内""狗不得入内"等歧视华人的规定。

此外,法园花园的管理者还在花园的西南部为法国人设置了专门的休闲区,其他国家的人,尤其是华人,不能随意进入。不仅如此,这里还专门为法国小孩预备了玩具,中国人不能使用,不过,园内其他地方也为中国小朋友预备了同样的玩具,可供玩耍。总之,中外之间是要区别开的。

法国花园中的儿童游乐设施

花园长椅上悠闲放松的人们

不过，尽管法国花国有这样或那样的限制，但来此游玩的人还是络绎不绝的。特别是夕阳西下，清风送爽之时，花园中的游人总是挤得满满的，基本找不到座位，夜幕降临之后，人群才逐渐散去，足见法国花园巨大的吸引力。

法国花园是法租界扩充界中较早修建的大型建筑。花园建成以后，周围的建筑物还并不多，只有一些摊贩。此后，围绕着法国花园，在霞飞路、杜总领事路（今和平路）的两侧一幢幢花园洋房、高楼大厦拔地而起，其中包括1917年建成的著名抗日爱国将领吉鸿昌的旧居，1918年建成的英商仁记洋行买办李吉甫的旧宅，1922年建成的民国政府首任内阁总理唐绍仪的女婿张公撝的旧宅和天津著名实业家章瑞庭的旧宅，1923年落成的国民饭店，1926年建成的英租界华人纳税会董事长庄乐峰的旧宅以及1936年买办高星桥之子高渤海投资兴建的渤海大楼等等。这些造型各异、风姿绰约的景观建筑与法国花园的美景逐渐融为一体，将城市绿地花园的功用发挥到了极致。

中心公园中的长椅和背后宽阔的草坪

1941年12月太平洋战争爆发以后，日本侵略军进驻英、法租界。法国花园被充作了军用物资的囤积处，园中圣女贞德的铜像被日军拆除并熔化成制造炸弹的原料。铁栏杆也被改成了砖墙。

吉鸿昌将军青铜雕像

1945年抗战胜利以后，国民党政府收回了法租界，并将法国花园更名为"中心公园"，随后又改成了"罗斯福公园"。同年，在圣女贞德铜像残存的基座上建起了一座抗战阵亡将士碑。当时的天津市市长张廷谔、国民党第九十四军军长牟庭芳主持了纪念碑的奠基仪式。1948年天津解放前夕，国民党军队把罗斯福公园当作了马厩和车场，并在园中挖掘战壕，修筑工事，而园中的树木也被砍伐殆尽。

新中国成立以后，天津市人民政府恢复了中心公园的名称，拆除了抗战阵亡将士碑，并开始对公园进行全面的修复：填平壕沟，重修园路，修建了两座荷花池、十五座花坛，多多种植花草树木，添置了百余张座椅、石桌、石凳以及儿童娱乐设施。1964年，市政府再次拨款修建公园，并将公园更名为"红领巾公园"。1976年唐山大地震以后，园内搭设了许多临建棚，于是在1982年再次重修。新建了两座对称的假山、一座梅花喷泉、环形月季花带以及两处儿童车场和儿童综合游乐场。路径两旁障以灌木绿篱，周围镶以带状花池。1988年还建立了一座百花厅。园内植物以龙爪槐、白蜡、西府海棠、木槿和常青松柏为主，并配植各种宿根花卉和草花。正门入口处还设置了叠水喷泉。

1995年11月10日，为纪念著名爱国抗日将领、民族英雄吉鸿昌将军诞辰一百周年，在中心公园曾经圣女贞德铜像的位置树立起了一座吉鸿昌将军立马横刀的青铜雕像。

2003 年,天津市人民政府对中心公园再一次投资改造,拆掉了公园围栏,面积扩大到 1.5 万平方米。不过,公园中央那座饱经风霜、被唯一完好保存下来的法式八角石亭被遗憾地拆除了,原地改建成了一座集声、光、电多种技术于一身的音乐喷泉。路面改用火烧板石材,四周是宽阔的草坪,形成了一座将文化与休闲融为一体的广场式花园,并最终定名为"中心文化广场"。

中心公园植物盛景
焦距 43 毫米,光圈 f/7.1,曝光时间 1/6 秒,感光度 100,渐变镜 +HDR

德国租界

德国花园

光绪二十一年（1895）中日甲午战争以后，德国以"干涉日本还辽"有功为由，要求清政府为德国开辟租界，享受与英、法等国同样的待遇。迫于压力，清政府不得不接受德国公使绅柯提出的照会，饬令天津海关道盛宣怀同德国驻津领事司艮德商讨划定租界事宜。同年十月，双方签订了《天津条约港租界协定》，允许德国在天津永久设立租界。当时划定的租界范围，东临海河，北接美租界，西至海大道，南自小刘庄之北庄外起，顺小路（今琼州道）至海大道，占地面积69万平方米。

在划定德租界的最初几年，由于位置偏僻、地势低洼，人烟稀少、资金匮乏等多方面的原因，租界内并未开展大规模的开发活动，建造的房屋和修筑的道路都比较少。光绪二十四年（1898），德租界开始进行规划，但当时只是设计了租界内的交通干道威廉街两旁的建筑，而其他地区暂作住宅区。直至光绪二十六年（1900）前后，大规模的开发建设活动才陆续在德租界内展开，此后租界的结构框架和基本面貌也是在这一时期形成的。

德国花园始建于光绪二十六年（1900）前后，位于威廉街（今解放南路）与埃姆登街（今杭州道）交口的东北侧，占地面积约1.23万平方米。由于其北邻北洋西学学堂（今海河中学的前身），因此花园建成以后，吸引了很多学生到此地游玩。

德国花园布局简洁，清雅幽静。全园以茂密的树木为主，并

德国花园时期保留下来的刺槐

配有多座花池，种植茉莉、欧洲莲等观赏性花卉。刺槐是园内的主要树种，它原产于美国，19世纪时引入中国。这种树根系浅，比较适合天津地下水位较高、植物根系不能向下过深生长的特点，因此大树较多而且已成为今天天津园林中的主要树种。

园中甬路全部用细沙铺成，东北部曾有一处水塘，四周种植了各种树木。花园中曾分布有数座茅亭，并配以楼阁，颇有中式园林的韵味，这在租界花园中实属罕见。德国花园还设有野兽槛和儿童游戏场，拥有游木、秋千等娱乐设施。休息区安放了长椅，并设有男女厕所，方便卫生。花园中心曾有一座香炉，一面写着"献宝鼎"，另一面写着"大佛寺"，但其来历并不十分清楚。

21 世纪初提升改造后的解放南园

德国花园制定了从早上六点到午夜十二点的游览时间，同时设立了八条入园规则，举凡攀折花木、携带犬只、狂呼高歌、躺卧椅上、自设饮食等都不被允许，而衣服不整者也不得入内。

1914 年 7 月，第一次世界大战爆发。远在天津的德租界的管理者同样人心惶惶，从此无暇顾及花园的维护。1917 年 8 月，北洋政府对德国和奥匈帝国宣战，9 月，收回其在天津和汉口的租界，并在 1919 年签订的《凡尔赛和约》中得到了确认。德租界收回以后，被更名为特别第一区，简称"特一区"，由特一区公署管辖。曾经的德国花园也就成了特一区公园。

特一区公园一直没有得到相应的管理和维护，虽可任人游览，但与德国人经营时相比，还是缺乏生机的。甚至到了 20 世纪 20 年代末，特一区公园已经呈现出了一片荒凉落魄的景象。树木虽然依旧茂盛，但花已经不多见了。园中的茅亭、长椅以及儿童游戏场中的设施都变得破败不堪了。

1950 年 1 月，天津市人民政府开始对曾经的德国花园进行整修，并于 1951 年 3 月整修完毕，定名为"解放南园"，同时对外开放。此后，解放南园又经历了多次修缮，而在 20 世纪 70 年代进行了一次较大规模的整修。此时，全园占地面积缩减至 8000 平方米左右，属于规则但不对称的平面布局模式，既自由灵活，又和谐统一。园内还增设了喷泉水池、叠石假山、半壁廊以及凉亭等设施。

21 世纪初，结合打造解放南路德式风情区工程，解放南园得到了全面的提升改造。全园采用简洁的开敞式园门和花墙，将园景与街景有机地融为一体。园内设计了风格独特的银杏树树阵，栽种了雪松、龙柏、海棠等观赏性植物。部分甬路用石材和防腐木板铺装，扩建了休闲广场，增添了石材凉亭、廊架等设施。与此同时，还特别完善了园内的照明装置，不仅使解放南园具有夜间使用功能，而且能够展现出独特的园林夜景。

日本租界

大和公园荣街与宫岛街交汇处的角门

大和公园

光绪二十一年（1895），日本政府强迫清政府签订了《马关条约》。第二年，他们又派出特命全权公使林董、敦信等人与清朝政府的钦差大臣张荫桓、总理各国事务大臣荣禄在北京签订了《通商口岸日本租界专条》，开启了日本在中国开辟租界的大门。

光绪二十四年（1898），日本驻天津领事郑永昌同天津海关道李珉琛签订了《天津日本租界条款》，具体划定了专管租界和预备租界的范围。其专管租界的范围，东北至海河，西北至今多伦道，东南至今沈阳道，南至墙子河（今南京路）。此外，还规定将海河下游小刘庄河岸约百亩的土地划归日本，作为停船码头之用。关于预备租界，在《天津日本租界条款》的《另立文凭》中规定："中国允将溜米厂（今多伦道与张自忠路交口处）至朝鲜公馆南墙（今北安桥附近）外，沿一直线，西接日本现定之界，作为日本预备租界。"上述规定下的日本租界占地面积已达111万平方米。

光绪二十六年（1900）八国联军侵华，各帝国主义国家纷纷谋求租界的划定或扩张，日本也不甘落后。驻津领事郑永昌与法国领事私相授受，将法租界预备界内的一段6万平方米的沼泽地（今沈阳道与锦州道之间）让与了日本。光绪二十八年（1902），日本又一次擅自扩张，将从朝鲜公馆南墙沿海河岸至闸口，向左拐至东南城角，然后向南直至海光寺，约167万平方米的土地划为扩张界。

光绪二十九年（1903）日本驻天津总领事伊集院彦吉同天津海关道唐绍仪正式划定了日租界的范围：东北面临海河，东南侧与法租界接壤，南至墙子河，并沿河西至海光寺，北面起自闸口，沿今和平路向南，至今多伦道，再沿多伦道向西直抵今南门外大街，再向南折至海光寺，总占地面积达143万平方米。

与英、法等租界一样，日租界的大部分土地最初也都是坑洼和沼泽，因此租界当局最先要做的就是制定规划、填平土地、修筑道路。早在租界初创的光绪二十五年（1899），日本政府就根据驻津领事郑永昌的建议，制定了经营租界的方案。随后，租界当局就迅速开展了建造计划。他们修筑道路、铺设下水道，并按照对未来发展需要的预期制定城市建设的总体规划。公园、市政

— 租界花园 —

大和公园鸟瞰

厅、学校、运动场以及其他公共设施都在计划之列，并逐步投入到建设和维护进程当中。

日租界内的大和公园就是在这一时期修建的。大和公园始建于光绪三十年（1904），宣统元年（1909）建成，举行过开园仪式后，正式对外开放。大和公园的名称由驻津总领事伊集院彦吉命名。"大和"源自日本古代的大和国，日本民族也被称为"大和民族"，可见这座公园具有浓重的民族主义色彩。也有学者认为这样的名字是为了强化日本在天津的存在感，因为在20世纪初的天津，日本的势力还远远比不上英、法等西方强国。不过，当时的许多中国人并不愿意用"大和公园"来称呼它，而只管它叫"日本公园"。

大和公园东北临荣街（今新华路），东南临宫岛街（今鞍山道），西北临福岛街（今多伦道），西南临花园街（今山东路），占地面积2.4万平方米。

大和公园的造园手法属于典型的日本风格。公园四周设有高大的围墙，有六座大门可通园内，正门设在荣街。大门两侧各有一座白色石柱，简洁的栅栏门彰显出古朴的气质。

园内栽有多种花草树木，郁郁葱葱，十分茂盛。杨树、椿树、槐树、柳树，浓荫蔽日，即使是在烈日炎炎的盛夏，畅游其中，依然会感到沁人心脾的凉意。公园四周种满了颜色各异的美人蕉，深橙、浅绛、鸢黄、淡红，无一不娇艳动人。金钱梅、火麒麟一丛一丛地开满地，非常可爱。大和公园内还有一种特产，虽然别处也有，却不曾有这样多，那就是一团一团的地肤。园内只要是没有花草的地方，便有它们的踪迹。到20世纪20年代，公园内繁茂的花木便得到了"津埠各公园之冠"的美誉。

大和公园中部的"北清战役纪念碑"

公园的中央是一片小型的空场，场地当中矗立着一块石碑，上面写着"北清战役纪念碑"，落款为"第五师团长陆军中将男爵山口素臣书"。所谓"北清战役"就是指八国联军的侵华战争。日本人立碑于此，也是为了在国际上炫耀自己的"功绩"。

纪念碑的东南侧是音乐堂凉亭，金黄色的亭顶，绛红色的檐柱，十分鲜艳夺目，堪称大和公园中的标志性建筑。

音乐堂凉亭前是两个相通的水池，中间隔有小桥。左边是满池清香秀丽的荷花，右边水池中时而有鱼儿游过，中间本是一座造型精巧的荷花喷泉，后来又改成了更加壮观的西式喷水台，并且安装了电灯。每到傍晚时分，池水向四外喷出，水花飞溅，晶莹剔透，如珍珠一般绚烂夺目。根据1913年出版的《天津游览案内》的记载，若逢夏日的夜晚，"散步于园内，凭依座椅，喷水高可射星，飞沫随风而散，凉味可掬"，十分惬意。两池相通处还设有石灯笼，这也是日本庭园最有代表性的物件。

纪念碑的东北侧有白色的藤萝架和爬山虎架，建造得最为艺术。架下还放有石桌，吸引着日本的棋迷来此消遣。不过，藤萝和爬山虎多在两旁生长，不能遮住阳光。

音乐堂凉亭前的荷花喷泉

光绪三十一年（1905），袁世凯创办了近代天津第一座中国人自己的公园——劝业会场，园内不仅开辟了供人游玩的场所，而且建造了许多与教育和实业相关的建筑，而之所以这样安排，正是袁世凯向日本公园学习的结果。同一时期的日本大和公园就在园内同时设立了公会堂、图书馆、神社等建筑，充分体现了日本公园的这一特色，也完全暴露了大和公园强烈的政治意味。

大和公园内毗邻福岛街的西北方向有一座附带塔楼的二层洋楼，这里就是日租界居留民团的办公地——日本公会堂以及天津日本图书馆的所在地。

与英、法租界董事会加工部局的管理模式不同，日租界则是由大日本租界局和居留民团先后进行管理的，而他们背后的实际控制者则是日本驻天津总领事馆。光绪二十四年（1898）日租界设立以后，租界内的日常行政事务便由大日本租界局负责管理。光绪三十三年（1907），居留民团成立，行政管理权便转移到了他们的手中。1913年8月，日租界当局耗费美金四万余元在大和公园内修建了一座既可为居留民团办公使用又可为居民集会提供场地的公会堂，1914年11月8日全面竣工。

光绪二十一年（1901），天津都统衙门的总文案丁家立（Tenney Charles Daniel）曾提出过一个兴建公共图书馆的计划。虽然这个计划最终不了了之，

大和公园内的日本公会堂

洪水中的日本公会堂

但它却引起了日本人的重视。光绪三十一年（1905），原都统衙门的检疫医生、日本共立井上医院的院长井上勇之丞率领十余名日侨发起成立了天津日本图书馆。光绪三十四年（1908），根据图书馆创立总会的决议，天津日本图书馆被移交给了居留民团管理，成为了日租界行政管理机构的一部分。1914年11月日本公会堂大楼落成之时，被安排在这座建筑二层楼上的图书馆也正式开馆了。1923年4月，图书馆又被移到了楼内的居留民会议所。天津日本图书馆不仅为普通的日本居留民提供借阅服务，更重要的是为侵华日军提供了大量的书刊资料和情报信息，其助纣为虐的行径也是难辞其咎的。

1915年，为了纪念日本大正天皇即位，日租界的居留民团又在大和公园内的西南侧建造了一座日本神社，到1920年10月全面完工。神社是最具日本特色的建筑，其内建有鸟居、奉斋殿和社务所，供奉着日本天照大神和明治天皇的灵位。每年春秋两季，神社内都要举行常规的祭祀，在津的日本军政要员全部都要参加，场面极为隆重。每逢新年的时候，日本侨民也都会穿上礼服前来参拜。而神社内还会不定期地举行一些临时性的祭祀活动。神社的门口有日本兵把守，日本人经过此处都要虔诚地敬礼，而中国人则是不允许靠近的。日本神社是日本推行军国主义的精神支柱。

1920年建成的日本神社

日本神社及门口的鸟居

事实上，大和公园不仅在园内安排了许多与政治紧密相关的建筑，而且在园外也是同样如此。在公园的西南方向，与之一街之隔的建筑就是天津日租界的实际控制者——日本驻天津总领事馆。日本驻津领事馆设立于光绪元年（1875），是华北地区最早设立的日本领事馆，管辖区域为直隶、山西以及察哈尔一带。最初只有一名副领事和一名书记生。光绪五年（1879），副领事升格为领事，另有两名书记生，共同处理领事馆事务。光绪二十八年（1902），天津日本领事馆升格为总领事馆，伊集院彦吉任日本驻天津总领事馆第一任总领事。领事馆最初设在英租界内，宣统元年（1909）迁入日租界的荣街，1915年移到了大和公园的西南侧、宫岛街与花园街交口西侧的新址中。

— 租界花园 —

大和公园中的音乐堂及远处的中原公司塔楼

对于日本侨民来说，位于日租界中心的大和公园确实是一处比较好的休闲、散步、娱乐的场所。根据许多日侨的回忆录，尽管当年的天津有维多利亚花园、法国花园、俄国花园和德国花园可供选择，而且他们当中也有不少人喜欢到法租界观光、购物，但大和公园还是能吸引众多日本人前来游玩；而在神社建成、引入了众多体育设施和建设了儿童游乐场以后，大和公园就更加变成了日租界的活动中心。

日本驻天津总领事馆和租界当局经常在大和公园举行盛大的阅兵仪式和招魂祭。1924年1月26日是日本摄政宫与良子女士举行结婚典礼的吉期，旅津的日本侨民均于此日休息一天，并参加提灯会，以示庆祝。大和公园的日本神社内高搭席棚，悬旗结彩，灯火通明，照如白昼。晚七点在公会堂举行大宴。宴毕，三四千人手持太阳红灯，向神社三呼万岁，然后在日租界内游行欢呼，最后返回大和公园。

增添儿童游乐设施后的大和公园

大和公园内的音乐堂凉亭

音乐堂夜景

除了官方的活动以外，大和公园内还经常举办民间性质的文体活动。每年春季，公园内都要举行运动会。此外还会举行相扑大会、剑道大会以及相应的抽彩活动。设立儿童游乐场以后，大和公园更是变得热闹非凡。游乐场里设置了转椅、转塔、绳梯、爬杆儿等器械以及许多品字形的架子供儿童玩耍。不过，儿童游乐场只允许日本儿童进入。

随着20世纪三四十年代英、日两国关系的紧张，特别是在日本实行战时统制政策以后，大多数的日本侨民就只能选择大和公园来休闲游玩了。不过，很多人在二战以后回忆起天津的生活时都会说："对于我们战前在天津居住的日本人来说，印象深刻的还是大和公园。"足见大和公园在日本侨民心目中的分量。

音乐堂凉亭前壮观的喷水台

— 租界花园 —

与其他租界一样，大和公园也有一些限制规则。1916年，日租界当局修改入园规则，开始限制中国人入园游玩。对于中国的官员和知名人士，入园时需持有租界当局发放的入园券，而其他人则限于每天下午六点以后才能入园。然而到了20世纪20年代前期，日租界当局又制定了一份《大和公园取缔规则》，规定每天早上六点开门，下午六点关门，无形中限制了大多数中国人入园参观。同时还规定了入园者不准损毁园中设备，不准携带犬类及各种牲畜，不准穿着奇装异服，不准无人看管的婴孩入园以及凡在园内作公共集会者必须得到租界局允许等条款。

根据1927年6月26日《天津华北新闻》的记载，天津日租界行政委员会曾于此时借口"日本公园华人增多，日人有不快之感"而不准华人入园。又据《益世报》1928年4月11日的报道："日本花园限制华人，嗣因华人方面怨言四起，日界当局为调解起见，复规定通融办法，及界内纳税华人，一律给予门证，准予入园游赏。不过据日方所认定之纳税人，不过八百六十余人，无形中之限制，仍未取消。因之华人之愤懑意亦迄未宣泄，行将有具体表示云。"可见中日双方就入园参观问题争端不断。

音乐堂凉亭与亭前的喷水台

冬季的大和公园

大和公园的雪景

雪后的大和公园

1942年12月太平洋战争爆发。1943年1月，英、美两国宣布要将在华租界归还给中国。得知这一消息以后，老谋深算的日本侵略者抢在英、美两国之前，于1943年1月9日与汪伪政权签订了《日华关于交还租界及撤废治外法权之协定》，宣布日本政府将日本现时在中华民国领有的专管租界行政权返还给中华民国。

根据这一条款，1943年3月，日本将天津日租界还给了中国政府。同年4月8日，天津特别市市政府发布相关命令，将原日租界改为兴亚第一区，并由原北洋政府财政总长张弧之子、时任天津市公署参事的张同亮任兴亚第一区兼区长。但事实上，兴亚第一区的大权仍掌握在日本人手中，区公署的行政人员还需听命于民团长臼井忠三。此时的大和公园也被更名为"兴亚第一区公园"。

1945年抗战胜利以后，天津日租界才真正被中国政府收回，兴亚第一区公园遂更名为"胜利公园"，以此表达天津百姓摆脱奴役、庆祝胜利的喜悦心情。1946年，大和公园内的纪念碑被拆除，日本神社被改建成了天津市忠烈祠，用以祭奠忠贞不屈、以身殉国的抗日英雄。天津市民曾在此举办过多次公祭仪式和纪念活动。

— 租界花园 —

从中原公司的楼顶俯瞰大和公园

　　1949年天津解放前夕，国民党当局将天津警备司令部设在了天津市忠烈祠内，企图负隅顽抗。1949年1月15日，中国人民解放军攻占胜利公园，在忠烈祠的地下室内俘获了天津警备司令陈长捷。

　　新中国成立以后，胜利公园被改成了天津市少年宫，1953年又更名为"八一公园"。1959年公园被拆除，改建成了天津人民熟知的八一礼堂。从此，大和公园便再也寻不到踪迹，而曾经带给天津人民的屈辱和伤害也一去不复返了。

俄国租界

俄国驻天津领事馆

俄国花园

光绪二十六年（1900），八国联军侵华，沙皇俄国的军队是其中的主力和急先锋。天津沦陷以后，沙俄军队抢先占领了老龙头火车站及其以西并沿海河向南的大片土地，并宣布为"俄国军队通过战事行动而取得的财产"。随后，沙俄军队在这一地区铺设了一条长1500米的碎石道路，并在火车站附近盖起了许多房屋，事实上占领了这片区域。与此同时，俄国政府向清政府提出了要将所占领的天津海河以东的土地划为租界的要求。光绪二十七年（1901），天津河间道张莲芬、直隶候补道钱镕与俄国驻津领事珀珮签订协议，正式划定了俄租界。

不过，俄军对老龙头火车站的占据引起了英国的不满，两国军队还因此发生过冲突。此后，通过英、俄双方在圣彼得堡的直接谈判以及德、美两国的调停，俄国终于将老龙头火车站以及通往车站的大道归还给了清政府，因此俄租界被分成了西北和东南两个区。

俄租界的西北区位于海河北岸，西侧与意租界的东界（今五经路）相接，东至车站西侧，北至京山铁路线。东南区从海河转弯处开始，以铁路和海河为界，向东南方向一直扩展到贝加尔路（今十五经路），占地面积达到了365万平方米，所占海河岸线长达3354米，几乎相当于海河西岸英、法、德三国租界河岸线的总长。

天津俄租界正式划定以后，俄国驻津领事来觉福在租界东南区的海河渡口一带（今河东区十一经路26号）建起了一座华丽的方形大楼作为俄国驻天津领事馆。在领事馆的西北方向还建造了武官官邸和俄国兵营，而俄国花园就坐落在领事馆正对的东南方向。

俄国花园所在的区域绝非历史上无名的荒地，恰恰相反，这里正是乾隆年间红极一时的柳墅行宫的旧址。遐想当年，众家长芦盐商捐资修建行宫，高宗皇帝八次巡幸驻跸于此，留下了众多的诗篇、联语和碑刻，是何等地壮观！此后，这片区域虽因道光二十六年（1846）柳墅行宫的变卖而变得日渐荒芜，但到了光绪十一年（1885），北洋大臣兼直隶总督李鸿章又在这里创办了中国近代历史上第一座专门培养军事人才的陆军军官学校——天津武备学堂，从此拉开了近代新式陆军的序幕，并为不久之后登上历史舞台的北洋军阀打下了基础。

― 租界花园 ―

俄国花园鸟瞰

光绪二十六年（1900）八国联军侵华时，天津武备学堂的爱国教官和学员曾奋起抵抗，九十余名学员在战斗中牺牲。天津沦陷以后，武备学堂被迫停办，并被拆毁。俄租界划定以后，此地又建起了俄国花园。

曾经树高林密的天津武备学堂

— 租界花园 —

俄国花园茂密的树林

俄国花园中的参天大树

俄国花园滨海河而建，西北紧临领事路（今十一经路），西南临河岸路（今海河东路），东南跨过花园路（今十二经路），东北接近尼古拉路（今六纬路），占地面积7万平方米。

由于设立俄租界的准备比较仓促，俄租界存在的时间也不长，加之20世纪初的俄国国内政局动荡以及俄国自身的经济实力、文化理念与西方列强的差异，这一系列因素就造成了俄租界的规划和建设十分有限，但是俄国花园是俄租界最为得意的地方，也是俄租界的人最感自豪的所在。

俄国花园的景色以自然风光为主，水木清华，优美而恬静。花园的四周以短墙相围绕，颇为美观。园中无论是大道还是小路都用三合土筑成，洁净平坦。花园中的树木、花卉非常多。在离园很远的地方，人们便可看见参天的古树，密密地簇成一片。园内大量的阔叶树，主干高大，枝叶繁茂，浓荫蔽日，茂密的灌木丛、密布的花坛配以成片的草坪显得十分壮观。

到了炎热的夏天，在半里地以外的地方，人们就能听到树上的蝉合奏的"交响乐"。入园后，在蝉声的笼罩下，几乎听不到别的什么声音。漫步在凉爽浓密的树荫下，仰视不见天日，真会令人领略到自然的伟大，忘记那些尘土漫天的广阔平原，确实是一个令人身心悦愉的胜景。

— 租界花园 —

从积雪的海河冰面上遥望纪念堂

俄国花园中的俄军纪念堂

毗邻海河的纪念堂

天津作家周骥良曾经撰文回忆说："所有的白杨树都有十米高，树干都比海碗还粗还壮，树叶不论有风无风都在哗哗作响，我在树林里穿来穿去，喊来喊去，整个身心都融入大自然之中，真是美极了！"

光绪二十七年（1901），俄军格里戈连科中校在俄国花园的西北部临近海河的地方设计并建造了一座覆盖铜制圆顶的纪念堂，俗称"俄国铜顶子坟"，下面埋葬着八国联军侵华战争中108名阵亡的俄国士兵。纪念堂前树立着一座汉白玉雕成的纪念碑，碑的四周还摆放着数门被俄军夺去的我军使用的大炮。游人登临纪念堂，可借以远眺，海河上的风帆，历历在目，也不失为一处观光的胜地。

早在咸丰十年（1860）天津开埠的时候，老三岔河口一带就聚集了许多俄国商人在那里经商，他们大多从事皮毛和茶叶的生意。海河岸边曾经的萨宝石胡同就是取名于俄国商人季特维诺夫开设的萨宝石洋行。

救世主堂扩建后的圣母帡幪堂

为了满足旅津的俄国商人举行宗教活动的要求，起初，每到东正教大瞻礼的时候，北京的东正教会都会派司祭到天津为俄国人主持宗教活动。当时的修士大司祭伊诺肯提乙每年都要来天津，借用北站的客车厢作为临时的祈祷所。光绪三十年（1904），北京东正教会在天津河北的小关大街租了一所民房作为祈祷所，平日的活动由一名中国人主持。此时领洗入教的中国人约有200余人。

作为中华正教会天津教区主教座堂的圣母帡幪堂

— 租界花园 —

冬日里的圣母帡幪堂

肃穆的圣母帡幪堂

宣统元年（1909），俄国花园中的纪念堂被改建成了俄国东正教的救世主堂，成为天津第一座正式的东正教教堂。救世主堂用汉白玉石料建成，雕刻、装饰得十分精美，玲珑剔透，不过内部空间很小，只能容纳二十人做祈祷，因此仅能供花园附近的俄国教众使用，远在小关大街的中国信徒很少有来到此处的。

1922年，出身于宗教家庭的修士维克托尔来到天津，任救世主堂的司祭。此时正值前苏联政府成立不久，大批俄国贵族流亡到天津，小小的救世主堂也就不堪重负了。因此，维克托尔在上任伊始便将救世主堂扩建为一座能容纳数百人的大教堂，并命名为"圣母帡幪堂"，帡幪即庇护的意思。教堂门前的墙上还镶嵌了三块汉白玉石雕，上面刻着俄军阵亡官兵的姓名。此后，圣母帡幪堂成为了中华正教会天津教区的主教座堂。每年年末圣诞节的时候，圣母帡幪堂便灯火通明，管弦合奏，平日里则往往紧闭山门，空无一人。

从海河上远望树木茂盛的俄国花园

俄国花园池中的树丛

俄国花园的东部有一座大型深水池塘。俄国人常在池边出租小船，每小时五毛钱。游人租船后，一叶扁舟，在池塘中任意漂流，却也惬意有趣。池旁树下，偶尔也有钓鱼的人，一心静待鱼儿的上钩。

入冬以后，池水结冰，形成了天然的滑冰场，便有俄人在此经营，吸引游客前去滑冰。当时，英国球场内的人工冰场是天津最著名的滑冰场，但俄国花园中的天然冰场同样十分诱人。相比于棚内的英国冰场，俄国花园中的空气更新鲜，冰场的面积也更大，价格却只有英国冰场的一半，称得上物美价廉。因此，俄国花园的冰场也吸引了许多游客，场内还经常举办化妆滑冰会，十分热闹。

俄国东正教教徒还在结冰的池面上安放了一块由整块冰雕琢而成的十字架，颇为壮观。教堂的钟声一起，便有二三百名俄国教徒聚集到十字架附近的池边。俄国教士则身披华衣，手持法器，喃喃祈祷，鱼贯而至池中，到十字架前行祈祷礼。此时，男女教徒齐唱圣歌，整座池塘俨然成了露天的教堂。

俄国花园的西南部曾有一座凉亭，周围有花木作为点缀。凉亭以南是西人网球场。花园中还设有运动场、马球场、游泳池以及儿童游乐场，场内有秋千等娱乐设施。

— 租界花园 —

俄国花园中的天然冰场

　　俄国花园建成以后，任人游览，但也同样制定了管理章程，比如车马、犬只不得入园，游人不准在园中野餐及攀折花木等。不过，与其他租界公园相比，俄国花园的规定相对简单一些。

　　每当夕阳西下的时候，俄国花园便会吸引游人前去散步休闲，其中尤以金发碧眼的外国人居多。入园的人，有的是贪恋园中的幽静，有的是为了躲避酷暑的煎熬，有的是热恋中的男男女女，还有一些则是到树荫下休闲、读书。总之，每个人都有自己的游园乐趣。

　　1914年7月，第一次世界大战爆发，作为协约国的沙皇俄国撤走了在天津俄租界内的驻军。1917年11月，俄国爆发十月革命，退出了协约国阵营。英、法、美、日等国对新生的前苏联政权发动了武装干涉，这也涉及了天津俄租界。而这一时期俄租界的管理者仍是沙俄的旧官吏，因此他们也非常欢迎别国干涉，在津的俄商还一度挂起了法国国旗。

俄国花园池塘上的小桥与木屋

1919年7月，前苏联外交人民委员加拉罕发表宣言，表示要放弃帝俄时代在华取得的一切特权，包括归还租界和废除不平等条约。天津地方士绅一再呼吁政府收回俄租界，并委托天津警察厅厅长杨以德成立特别区市政管理局，以便接收俄租界。但大总统徐世昌不允许杨以德采取行动，遂使计划夭折。1920年，北洋政府委派直隶交涉使黄荣良与英、法、美三国领事协商成立了暂行管理俄租界委员会，原有的俄国职员都照旧供职。直到1924年5月，中苏两国才由顾维钧和加拉罕签订了《中苏解决悬案大纲》，其中就包括了收回在华租界的相关事宜。同年8月，中国政府正式接管天津俄租界，更名为特别第三区，简称"特三区"，由特三区公署管辖。

俄租界收回以后，俄国花园遂更名为"海河公园"或"特三区公园"，而很多知道这个花园的人还是喜欢用"俄国花园"来称呼它。不过，特三区公园从此开始日益荒芜。凉亭边的花木已经凋零，满目萧条；曾经的网球场，如今已变得破败不堪。园中道路的表皮已经脱落，露出了里面的煤渣。面对这样的情况，到了20世纪30年代，天津特别市市政府对特三区公园进行了整修。他们疏通池塘，添种海棠、丁香、桃、李等数百株植物。每逢夏日，还在公园中举办夜场电影和舞会，也曾热闹一时。

1937年天津沦陷以后，日寇开始砍伐特三区公园内的大树，同时提出征用圣母帡幪堂。此时的圣母帡幪堂已成为天津东正教的总堂，因此引起了前苏联政府的不满，他们出面与日军交涉，并准备制止。于是，日军就将今天河西区琼州道的一处华人地产用作抵偿，并拨款日金17万元作为建筑费用，于1942年按原样重建了新教堂，仍称"圣母帡幪堂"，而公园内的圣母帡幪堂则被日军拆毁，连同特三区公园一起被改建成了物资仓库和军用码头。

俄国花园池畔的大树

俄国花园中的池塘

1945年抗战胜利以后，特三区公园的身份又重新得到了恢复。新中国成立以后，特三区公园改称"建国公园"，此后又被称作"河东公园"。20世纪50年代以来，河东公园被改建成了天津市一商局储运公司运输部等单位，曾经的公园遂渐渐废弃。进入21世纪以后，这里进行了大规模的改造，建起了巨大的商业广场，辉煌一时的俄国花园从此便难寻踪迹了。

意国租界

马可·波罗广场的欧战凯旋纪念塔

意国花园

光绪二十六年（1900），意大利驻华公使萨尔瓦葛以"为了有效地保护意大利人在商界及航运方面的利益"为由，下令八国联军中的意大利军队占领了海河东北岸、俄军占领区以西的47万平方米土地。

光绪二十八年（1902），天津海关道唐绍仪与意大利新任驻华公使嘎里纳签订了《天津意国租界章程合同》，划定了意国租界。意国租界介于奥租界与俄租界之间，西南临海河，东北紧邻京山铁路线，与日租界和法租界隔河相望。

这一地区本是一片临近海河的露天储盐场，多为沼泽和坑洼。首任意大利驻天津领事费洛梯上尉到任以后，在进行认真勘测和规划之后，即展开建设。意租界在很短的时间内就建起了比较完备的服务设施，诸如俱乐部、菜市和兼管消防的警察局。而为众人所熟知的马可·波罗广场和意国花园也是在这一规划下建成的。

马可·波罗广场建成于1924年，坐落在马可·波罗路（今民族路）与五马路（今自由道）的交汇处，平面呈圆形，占地面积2000平方米。

广场中央是一片50平方米的圆形台地，台地中心是由意大利著名雕塑家朱塞佩·博尼设计的欧战凯旋纪念塔。纪念塔高13.6米，欧洲古典主义风格，全部为花岗岩石材制成。

纪念塔的基座上部装饰有四位意大利伟人的雕像，每个人的头像下有喷泉口，可向四面喷水。基座外圈是一个直径10米的圆形喷水莲池，设有三组高度不同的喷泉，交叉的水花可以形成独特的景观。基座中央有一根高约6米的科林斯式罗马石柱，顶部为和平女神的铜制雕像。

— 租界花园 —

女神手持橄榄枝，展翅欲飞翔，象征着友谊与和平。整座欧战纪念塔的零件均在意大利本土制作，然后通过水路，经上海运到天津组装而成。

马可·波罗广场的四周还建造了六座地中海风格的洋楼建筑，并且分别以古希腊神话中的女神来为之命名。这其中包括历史女神克里奥别墅、爱情诗女神埃拉托别墅以及天文女神乌拉尼亚别墅等。

位于广场东南侧的意国花园

位于广场东北方向的地中海式洋楼

也属于马可·波罗广场整体规划建设的一部分。圆形广场、意国花园以及四周的西式洋房形成了高低错落的建筑格局，使得马可·波罗广场优雅安逸，浑然一体，充满了浪漫主义的气息，堪称各国租界中最美的城市广场。

20世纪50年代，马可·波罗广场中心的和平女神雕像被拆除。在21世纪初的意式风情区建设中，相关部门本着"修旧如旧"的原则，又恢复了马可·波罗广场的原貌，并且重建了和平女神雕像。

位于广场西北方向的地中海式洋楼

花园正中的罗马式圆顶凉亭

意国花园正门入口处的单柱圆盘形喷水池

意国花园的规模不大，占地面积只有5500平方米，属于租界花园中较小的一个。不过，整座花园的布局还是比较别致的。没有太多奢华和引人注目的宏伟装饰，风格上质朴而典雅，却也能散发出浓浓的异国情调。

意国花园的总体布局属于意大利人惯用的圆形构图模式。正门开在五马路上，进门处便有一座圆形的花坛，四周有低矮的铁艺围栏。花坛中央矗立着一座单柱圆盘形喷水池，柱的四面雕刻有雄伟的狮子，表现出鲜明的西洋风格。

绕过花坛，便是花园中部最突出的罗马式圆顶带尖凉亭。凉亭由八根圆柱支撑，一面有台阶可供上下，亭的周围全都是盛开的花草树木。

花园的东南部有一座避雨亭，专供中国儿童玩耍的游戏场也在此处，场内设置了游木、秋千等娱乐设施。最东侧靠围墙的地方有一排木架，下面用水泥柱做支撑，颇有罗马式的建筑风格。架上是清一色的爬山虎，密叶重重，往往能遮住火一样的阳光。早晨、午后来此读书、读报，都会感到无比的惬意。花园西北部的半个园子是专为外国人划定的，不允许中国人进入。里面设有一座小花亭以及外国儿童游戏场，场内设有滑梯和沙坑。花园的西南部是网球场、西式运动场以及装满各种奇花异草的花窖。

— 租界花园 —

今日马可·波罗广场的东南方向即为意国花园旧址

意国花园中的林荫道由鹅卵石铺就，于规则之中又崇尚自然。园中花木种类繁多，青翠而繁茂，林荫道上笔直的法桐挺拔秀丽，喷泉旁的龙爪槐撑起翠绿的树冠，透出丝丝凉意。木栅栏上布满了雪白、嫩粉的蔷薇，藤萝爬遍了花亭的柱子，侧柏、绿篱修剪得整齐划一，发出淡淡的清香。圆柏被修剪成一座座圆锥，如尖尖的塔，又像低矮的粮仓。对称的花坛中，鲜红的玫瑰炫丽迷人。迎春、芍药、碧桃、丁香、海棠、鸢尾、萱草、绣线菊、珍珠梅、石榴、紫薇、菊花、茉莉、千日莲、美人蕉次第开放，令行人驻足观望。草坪上还安装有利用水力独自转动的喷水头。

― 租界花园 ―

意国花园全景

意国花园构图匀称、严谨、有序，各种建筑小品配置安排的比例非常准确，尺度上很相称，与周围华美的建筑、环境协调一致，反映了意大利人高超的几何构图才能。

意国花园的大门口有一块木牌，上面写着明确的入园规定：一、花园是专供住在意租界里的人游览的。二、男子，除穿洋服的，需着长衫。三、外国人的区域，中国人不得入内。四、凡携带有害卫生物品者、癫狂者、裸体者、有传染病者一概禁止入内。尽管有这些规定，但总的来说还是比日租界的大和公园和英租界的维多利亚花园的限制要少得多，大多数游览者都可随意出入。

1931年，原意大利驻华公使、墨索里尼的女婿齐亚诺来到天津，借鉴在上海开设回力球场获利颇丰的经验，提出了也要在天津创办回力球场的决议。1933年，意租界当局将意国花园南部的网球场迁出，在原地修建了一座回力球场。球场大楼由意大利建筑师博内蒂（Bonetti）设计、孟特劳克工程公司施工建造。1934年8月建成，占去了意国花园4000平方米的土地。花园只保留了一个小角，大约相当于外国儿童游乐场和小花亭的部分。

意国花园绿地旧影

— 租界花园 —

回力球场及其前端的意国花园

1937年7月，天津沦陷，但因意大利与日本同为轴心国，所以意租界并未发生太大的变化。不过，意国花园被改成了"河东公园"。1947年，回力球场停业。新中国成立以后，回力球场被改建成了天津市第一工人文化宫，曾经的河东公园被更名为"工人公园"，仍然只是"一宫"的一角，仅有一座花池和一处石廊。1958年，工人公园被并入第一工人文化宫，遂改称"一宫公园"，同时进行了一些整修。一度出现了树木繁茂，绿藤遮荫，花墙景窗的景象。不过，直到21世纪初建设意式风情区时，曾经的意国花园终究没有恢复它本来的面貌。

第一工人文化宫及其前端的意国花园旧址

概述

20世纪40年代后期，天津城区内花园、公园的发展已经走入了历史的最低点。除了此前不久收回的租界和河北以外，其他区域内并没有像样的花园或公园，而那些清代园林也都已是明日黄花，纵有劫余，也不过是断壁残垣，满目凄凉罢了。

解放战争期间，国民党军队为了修筑城防，负隅顽抗，大肆砍伐花园中的树木，破坏公园的设施，甚至强行占据，改作他用。除北宁公园以外，曾经的曹家花园、俄国花园、荣园、中山公园以及李纯祠堂都遭到了不同程度的破坏，有许多已改头换面或变得一片荒芜。

新中国成立以后，天津市人民政府十分关注花园、公园的开发建设，特别是在20世纪50年代集中建立了一批大中型公园，为天津市中心城区内的公园布局打下了坚实的基础。时至今日，这些公园依然风采奕奕，各自发挥着巨大的作用。

新建公园的出现大致有四个来源。第一，继承并改造既有的自然风景区是新建公园的一种重要手段。20世纪90年代确立的天津市区内的"四大公园"之中的水上公园和西沽公园就属于这类新建公园。而20世纪80年代为恢复桃花堤而建立的桃花园也是这类公园的典型代表。

第二，新建的工业区或工人新村是新建公园的一个重要缘由，这是新中国成立以后的花园中最具特色的一部分。新建公园的所在区域在新中国成立以前基本上是离天津老城和曾经的外国租界距离较远的空地、水塘或坑洼，天津解放以后，这些地区被普遍规划成了大中型工厂、企业的聚集区。1952年，随着国民经济状况的逐步好转，天津市人民政府在中山门、西南楼、佟楼、吴家窑、丁字沽、王串场和唐家口这七个工业相对集中的区域建造工人新村，以满足广大工人群众日益增长的住房需求。在建设工人新村的同时，作为配套设施的公园也在第一时间被建成，充分体现了当时的设计者就已经具备了"以人为本"的规划理念。位于河东区的第二工人文化宫、中山门公园、唐口公园，河西区的西南楼公园以及河北区的王串场公园都是工人新村的配套公园，而建于1978年的洞庭公园同样也是处于陈塘庄工业区之中的。

第三是在既有居民区当中的街头绿地或空地基础上建造的公园。和平区和河西区的两座儿童公园、桂林路公园、佟楼公园以及河北区金钢桥头的金钢公园就属于这一类。

最后，修建公园是改造旧有环境的有效方式。在消灭公害蓄水池工程中建起的南开公园是这类公园的典型，而睦南道公园的前身——镇南道苗圃是在填埋垃圾场的基础上建立起来的，胜利公园则是在正中书局的废墟上建造的。

由于新建公园的缘起不同，因此它们在园区的位置与作用、造园风格与布局以及花木状况等诸多方面都各自呈现出了不同的特点。

就园区位置及其相关作用而言，水上公园、西沽公园和桃花园三座以自然风景为基础的公园在选址时，受自然景观的限

— 新中国成立后的花园 —

西沽公园令人心旷神怡的芦苇塘

制,无法考虑游人在路途上用时的多少,但会尽力确保交通的顺畅。甚至在某些时候,为了给游客提供便利,公园的建设者还会主动修筑园外道路,比如水上公园建设初期就一同整修了复康路。而这类公园所起的作用就是为全市市民以及外来游客服务,让所有人都能领略到大自然的美好。

水上公园、西沽公园和桃花园虽然都以自然风光取胜,但在园林设计方面也并不马虎。它们普遍采用了中式传统花园的布局理念和造园手法,强调山和水在园林中的作用。亭台楼榭错落有致,汉白玉石桥此起彼伏,荷花池比比皆是,垂柳、海棠、桃花、芦苇广布其间,再现了清代中式传统花园的风采与神韵。游人畅游园中,不仅能欣赏自然景色之美,更能感受中国传统文化的博大与深邃。

工人新村中的公园是最具特色的一类。它们往往被安排在工人新村的正中央,以便能让新村内的所有居民享受同样的便利,以实现公园为公众服务的目的。中山门公园、王串场公园和西南楼公园都具备这一特点。事实证明,这样的安排是十分有意义的,也是经得起时间考验的,即使是在工人新村得到全面改建以后,它们也没有落伍,曾经的"新村公园"依然是附近居民休闲、游玩的理想场所。同时,越是在高楼林立、路网纵横、环境状况不容乐观的当下,这种居民区中的公园就越是具有生机与活力。

建于1958年的向阳公园也可以归入这第二类,只不过它的形成比较特殊,却也恰好反映出了设置这类公园的意义。向阳公园是21世纪改造之前老城里内唯一的一座公园,它坐落在南开区运署西街,本是清朝末年盐警大队的驻地,新中国成立以后曾一度改为居民住宅区。1958年,旧建筑被全部拆除,建成了运署西街小学、北门里小学和一座公园。因公园的大门坐北朝南,故被命名为"向阳公园",俗称"衙门花园",占地面积6091平方米,建筑面积493平方米。在设置向阳公园之前,老城里并没有一座真正意义上的公园,但这里又是一处人口极其稠密的聚居区,有一座公园是十分必要的。因此,相关部门拆除了旧建筑,新建了这座向阳公园。这一举动,与同一时期工人新村公园的建设大有异曲同工之妙,有效地提升了附近居民的生活质量。

工人新村中的公园几乎都采用了现代西方规则式的园林布局，园内大量运用引导游览、规划分区的绿篱，妆点园区的几何形状的花坛以及高大敞亮的西式长廊。整体风格与曾经的租界花园颇有几分相像。每个公园中都有许多参天的巨树，它们无论是对提高人们游园时的舒适度，还是保留一份历史的沧桑感，都起到了至关重要的作用。

第三类公园属于补白式的公园，堪称城市规划中的景观小品。相比于以自然景观为主的公园，这一类公园的面积往往比较小，而从形式上看，它们又与工人新村中的公园显得更加接近，但并不是在建设社区之先就已经规划好的，相反地，是在社区已存在的情况下，根据绿地或空地的状况而改建的，因此面积大小不一，且多呈现出位于街角，园区形状为三角形或不规则形状的情况。这与工人新村中规则的长方形公园相比，具有明显的不同。不过，建成之后的第三类公园在作用上就与新村中的公园没有太大的分别了。

补白式的公园同样有其自身的特色和优势。因其多位于交通要道的交汇处，所以具有美化街区、净化社区空气的作用。同时，便利的交通位置使得这些公园的名气常常比居民区中心的"新村公园"要更大一些。

最后一类，为改造原有恶劣环境而生的新建公园在诞生之时就具有了伟大的意义。而之所以说这些地方原先环境恶劣也就意味着周围居民众多，它们已对广大人民群众的生产和生活带来了严重的不便，甚至是威胁；因此，这些公园也就顺理成章地成为了为附近居民提供优质生活保障的设施。这确实是一种一举两得的明智办法。

第三和第四类公园的造园风格，除了睦南公园属于典型的西方规则式布局以外，其他的都以自然式布局为主。中式传统的凉亭与西式长廊交相使用，喷泉、绿篱布置园中，诚为公园周边居民休闲的好场所。

20世纪50年代和70年代建造的公园虽然数量不多，但其质量和影响力是不容小觑的，基本奠定了天津城区公园的格局。20世纪80年代以来，随着社会方方面面的复苏，天津的公园建设又迎来了一轮新的高潮。

1980年，位于水上公园南部的天津动物园正式对游人开放。到20世纪80年代末，天津动物园就已跻身全国七大动物园的行列。园内展出动物200多种、1500余只，其中不乏国家一级保护动物和二级保护动物，呈现出了品种少而精，大型动物、珍贵动物基本齐全的特色。

天津动物园的动物展览区按照国内特产珍稀动物和动物的不同食性进行分区规划。展览区的中心是熊猫馆，草食动物区饲养着野驴、斑马、鹿、羚、河马、大象、长颈鹿等，灵长类动物区有金丝猴、黑叶猴、黑猩猩、狒狒等，鸣禽类动物区饲养着金刚鹦鹉、葵花鹦鹉、灰文鸟等，水禽湖中有大天鹅、黑天鹅、红冕鹤、蓑羽鸭等，食肉动物区则饲养有东北虎、华南虎、非洲狮、黑豹、金钱豹等。

动物园内设有熊猫馆、猩猩馆、猿猴馆、狮虎山、熊山、大象馆、河马馆、长颈鹿馆、攀禽馆、走禽馆等三十一处动物馆舍，建筑面积1.67万平方米。每座馆舍都会根据不同动物的习性设计成风格迥异的造型，从而形成了天津动物园内千变万化的格局。

长虹公园坐落在中环线红旗路与长江道交口的东北侧，始建于1981年，曾习称"湾兜公园"。1986年7月1日正式对外开放，因其所处的地理位置，故取长江道和红旗路的首字谐音，命名为"长虹公园"。公园占地面积近24万平方米，其中水域面积约占总面积的三分之一。

长虹公园的西门面对着中环线，曾是一座中西合璧式的牌楼式仿古大门，宽阔而雄伟。顶部起脊成塔状，琉璃瓦熠熠生辉。四根长方形的主柱屹立下方，旁无抱柱，显得整洁而高雅。门前的小广场宽阔整齐，一座大型立体式花坛三季吐艳，四季常青。公园内因地制宜，以景定区，划分为百花园、划船区、水生植物区、中老年活动区、儿童游艺区、体育活动区、安静区以及花展馆等。百花园占地8000平方米，位于公园的中心，随地势起伏，集中或散植桂花、米兰、栀子、梅花、白兰、玫瑰、茉莉等上百种花卉，从春到秋，鲜花不断，芳香四溢，是园内的主景。划船区位于公园的西南部，一派碧波荡漾、芦苇丛生的自然风光。东岸修有一处划船码头，西岸建有一座茶室。安静区内以乔木为主，广植草坪，已逐渐成为一片静谧的小森林。长虹公园的建立弥补了水上公园和西沽公园之间没有大型公园的缺失，为天津的西部城区增添了一抹浓浓的春色。

— 新中国成立后的花园 —

拆迁前的天津乐园

坐落在广东路南端的天津市青少年儿童活动中心，又简称"天津乐园"，始建于1984年，1985年6月1日一期工程建成，正式对外开放。天津乐园占地面积56万平方米，建筑面积4800平方米，是当时仅次于水上公园的天津市第二大公园。活动中心四面都设有大门，北门内的大型不锈钢雕塑是乐园中的一大地标，上面镌刻着邓颖超同志题写的园名。

建园之初，园方从日本引进了十七项游乐设施，其中包括天津人民耳熟能详的"激流勇进""丛林鼠""单轨脚踏车""豪华旋转木马""碰碰车""风驰电掣""红外射击""轨道小汽车""宇宙火箭"以及"180度球幕电影"等。在那个游乐设施相对贫乏的年代，天津乐园承载了几代人的游乐梦。

20世纪90年代以后，天津乐园迎来了发展的黄金时代，分别于1994年至1998年、2003年至2008年两次得到提升，引进了众多娱乐设备，其中不乏国际一流水平的项目，最终使乐园的游乐设施达到了六十余种。大型双环过山车、大型主题游乐设备"峡谷漂流"、神话主题设备"阿拉伯飞毯"以及"勇敢者转盘""空中飞舞""超级飞船""波浪翻滚"都是全市独一无二的大型游乐项目。它们带给了人们无限的快乐，让人们的生活充满神奇和挑战。随着游乐设备的惊险程度和娱乐水平的大幅度提高，天津乐园的客源结构也发生了很大的变化，来这里的年轻人越来越多了。然而，随着乐园地区整体规划的推进，2009年9月1日，曾经辉煌的天津市青少年儿童活动中心正式关闭了，成为了天津人民，特别是"80后"人永远的回忆。

和平区

睦南公园

睦南公园位于睦南道与云南路交口的西侧，属于当下"五大道"旅游的核心区域，占地面积近1.8万平方米。

睦南公园的所在地原为英租界推广界的一处垃圾场。新中国成立以后，天津市政府的相关部门用清理海河的泥沙填充土地，开辟成了苗圃，时称"镇南道苗圃"。

1952年年底，镇南道苗圃开始重点繁殖、培育月季等花卉。1954年，因镇南道更名，镇南道苗圃也随之更名为"睦南道苗圃"。1964年，睦南道苗圃成为了天津市绿化科学研究所的科研用苗圃，并改称"建设局苗圃"，培育出了许多优良品种的果树。

1970年，建设局苗圃更名为"睦南公园"，开始接待游人参观，成为了一座半开放式的苗木花圃。此后，逐渐向小公园的布局转变，增加了凉亭、走廊、花架、园灯以及坐椅等基础设施，并点缀了一些园林小品。

20世纪80年代以来，睦南公园继承传统，开始大面积种植月季花。此后不久，公园便以收集、保留、培育各类月季而闻名遐迩。从1985年开始，已逐步向"市花公园"转变。到20世纪90年代初，睦南公园园内花坛及地面栽种的月季多达3000余株，其他地方分栽的攀援月季有100余株，月季品类高达550余种。其中包括香气扑鼻的"红双喜"、朵大色鲜的"彩云"和"荣光"、金黄色的"莱茵黄金"、乳白色的"荣誉"、鲜红色的"米郎口红"、深紫色的"黑天鹅"以及嫩绿色的"绿袖"。畅游园中，真会令人赏心悦目，心旷神怡。

睦南公园中的月季和边缘的高大乔木

— 新中国成立后的花园 —

从西南向东北方向延伸的公园主路

花坛间的步道和拱形木门

从造园风格来看，睦南公园整体上采用欧洲古典主义的规则式布局，简洁明快，特色鲜明。园区的西南部为一处同心圆式的广场，同心圆的圆心是一座圆形的水磨石喷水池，水池中央是一座典雅的西洋花式喷泉。圆形广场的西南侧是一座大型的西式花架走廊，气势雄浑。以圆形广场为中心，向东北和西北方向引伸出两条十字交叉的园内主路。向东北方向较长的主路两旁分布着数块规则的、分品种栽植的月季花坛。花坛之间都留有步道，以便游人近距离观赏。这里是睦南公园赏玩月季花的主要区域。

公园西南侧的西式花架走廊

圆形广场南侧的高大乔木

公园的东部有一座琉璃瓦顶的八角凉亭，彰显了古朴典雅的中式风貌。园区的北部是一座花窖以及众多盆栽的月季花。公园南部的丛林里被划成了老年人的锻炼健身区。

圆形广场的东南和西北两侧精心点缀着几株高大的法国梧桐、海棠以及卫矛树，而在公园的最外围、临近园墙的周遭种植有国槐、侧柏、塔松等许多高大的乔木。

1998年，睦南公园改造建设，增建了一座200平方米的花卉展厅，向游客展示了300余种名贵花卉。

2009年2月，天津市政府再次对睦南公园进行提升改造。此次修建，秉承了"历史文脉与现代人交相辉映"的设计理念，充分发挥绿地公园的功能，延续其以月季的品种栽植和繁育为主要特色的公园风格，力图打造一座欧式经典主题月季园。

— 新中国成立后的花园 —

彰显欧洲古典园林规则式布局风格的圆形喷水池

  此次提升改造，秉承了睦南公园以植物造景为主要表现形式的特色，将路、石、水、林、花、广场融为一体，使景物扎根于环境之中。通过乔木、灌木、地被植物的群落式种植以及常绿植物与落叶植物的结合，实现了四季常青、三季有花、两季有果的新面貌。同时，对公园四周的植物采取组团形式种植，不仅使各种植物与成片的月季花海形成鲜明的对比，而且可以给游客提供遮阳降温的生态型小空间，真正做到"小区域大环境、小环境大生态"的景观效果。此外，在原有月季品类的基础上，增加国内外的优良品种，并设立科普指示牌，使其成为月季培育和科普的基地。

公园东部的琉璃瓦顶八角凉亭

在充分考虑睦南公园周边环境以及所处风貌建筑群特点的基础上,设计者把视觉景观与文化感观相融合,最终形成了两级景观层面。改造公园的同时,对其周边40余栋建筑进行综合整修,使其风格、材质、色彩与周边环境和谐一致,并将睦南公园建成了一座集功能性、景观性、美学性、文化性为一体,布局合理、分区明确、功能齐全的开放型街角公园。

2014年年末,和平区政府对归属于"五大道"旅游景区的睦南公园又一次进行改造提升,重点打造其街角公园的多功能性。在这一次的改造中,睦南公园更换了5000平方米的草坪,同时全力打造了夜间的灯光布景,共更换、添置吊灯7盏、射灯48盏、草坪灯74盏,灯带长达230米。不仅如此,睦南公园还在草坪的周围加设了60个特制音箱,让市民和游客在观花赏景的同时还能欣赏到优美的轻音乐,享受视觉与听觉的双重快乐。经过最新改造后的睦南公园已成为中外游客"五大道"之行中必到的景点。

公园西北侧的古树

胜利公园

胜利公园坐落在多伦道与和平路交口的北侧，东北至嫩江路，西南至和平路，东南至多伦道，北至同孚里，占地面积3732平方米，建筑面积160平方米。

1950年3月，天津市政府在百货大楼路口以北、曾经的国民党正中书局的废墟上建起了一座胜利公园，用来纪念天津解放战争的胜利。当时是以百货大楼为核心的商业繁华区内唯一的一座街角公园。1965年，胜利公园被改成了机动车存车场。1983年，公园的面貌被重新得以恢复，并仍称"胜利公园"。

胜利公园布局自然顺畅，简洁明快，建筑新颖，动静结合。公园正门处设有喷水池，池后为起伏式的花坛，四周环以草坪，同时点缀了矮本的龙爪槐和白皮松。公园中间筑有透明式的花墙，墙后设有伞形花架，带给人一种园中有园的新鲜感觉。

园内栽植了多种乔木，其中尤以国槐为多，高大浓密，给人以在闹市中回归自然的感觉。低矮的灌木与高大的乔木相得益彰，花坛内的月季、草花随季节而不断更替。20世纪80年代，胜利公园中还建有综合厅和花卉厅。1988年，日本千叶县赠送的西铁城太阳能石英钟就被安装在公园中间，展现了改革开放初期的成就。

2010年，天津市和平路及胜利公园绿化提升改造工程全面竣工，为广大市民在金街购物提供了更加舒适的环境。经过提升改造，胜利公园扩大了园区内硬铺装地面的面积，同时大幅增加了公园入口处路面石材碎拼铺装广场及特色地面铺装分隔带的范围。通过地面铺装的改造，明确了功能区域的空间划分，加强了胜利公园作为金街商户开展商业宣传活动理想场地的作用。曾经的中央水景和中日樱花林、中日纪念钟等体现中日友好的景观被全面保留下来。公园西南侧沿和平路一线增加了花灌木和常绿灌木的组团，大量的盆景植物和彩叶植物为和平路金街增添了浓郁的自然风光。

在花木凋零的冬季，胜利公园又举行过多场欢度春节的传统民俗节目表演，包括舞龙、舞狮、大头娃娃的滑稽表演，吸引了众多市民驻足观看。

20世纪80年代百货大楼北部的胜利公园

桂林路公园

桂林路公园坐落在桂林路与成都道交口的东侧，占地面积845平方米，建筑面积16.5平方米，曾是20世纪末天津市区最小的公园，宛如秀丽的街头盆景一般。新中国成立以前，这里曾是英租界推广界内的一片空地。1958年，空地被改造成了街道旁的绿地。1974年，绿地又升级成公园，并被命名为"桂林路公园"。

与现在开放式的安排不同，当时的公园还设置了大门，周围安装有高低起伏的铁制弧形栏杆，下为砖砌的围墙。不过，附近的孩子们进公园都喜欢从栏杆上翻过来，从来都不走门。公园的入口处设有一座大型椭圆形的起伏式花坛，与公园四周波浪式的黄杨绿篱共同营造出了高低错落的独特景致。

面临成都道的西北侧种植有许多低矮的花草，而背靠楼房的东北和东南部则种植了许多高大的杨树、柳树和刺槐。随着时间的推移，这些树木逐渐变得枝繁叶茂，遮天蔽日；而在浓荫密布之下，成片的爬山虎布满了两面的墙：这一切便造就了桂林路公园清爽、优雅的环境。

园内曾是用鹅卵石花砖铺砌的甬路，内置山石小品。园内靠墙的地方曾设有一对石头造的大象滑梯，一头高些，一头矮些；几乎落地的长鼻子相向而设，从这只滑下来，正好上那只，吸引了众多小朋友来此嬉戏玩耍。园中的长椅前还曾散落着画有动物图案的木马，形象逼真而且安全可靠。桂林路公园如今已成为周围居民休闲、晨练的好去处，同时也成为了繁忙街道旁一处静谧的绿色空间。

街角公园的风景

儿童公园

和平区的儿童公园坐落在山西路的西南侧，三面被居民住宅楼环绕，东南至陵阳里，西南至义德里，西北至包头道小区，占地面积2500平方米，建筑面积56平方米。

新中国成立以前，这里曾属于日租界的一片空地。1953年6月，被开辟为一处儿童活动场所，并定名为"儿童公园"。公园内建有各种儿童运动、游艺设施。此后又经历了不断的整修，到20世纪80年代末已具有相当的规模。

公园中种有高大的乔木和应季花草。园区中心曾为月季花坛，其间立有一座以长颈鹿和

儿童公园主题雕塑

羊为形象、题名为"各有长短"的雕塑，而现在则是一座幼儿嬉戏的塑像。园内曾以花坛和绿篱为屏障，划分出三个活动区域，区内还设有滑梯等游乐器械。园区的东南部有堆起的山石，石上设有半壁廊等建筑，廊内还设有宣传橱窗。此处曾设有一幅"大家都来植树"的雕塑壁画，启发儿童从小就要养成热爱自然、爱惜花草树木的好习惯。

特别值得注意的是，即使是这样一座面积很小的公园，建造者依然制造了地形上的高低错落，体现了中式传统花园的特色，而这一点是近代租界花园不曾注意过的。

曾经作为宣传用的半壁廊

河东区

位于第二工人文化宫最南端的正门

第二工人文化宫

　　第二工人文化宫是一座公共园林式的多功能职工文化娱乐场所。它坐落在光华路、东兴路和津塘路合围而成的三角形区域内，占地面积近30万平方米，建筑面积3.5万平方米。

　　20世纪30年代以前，第二工人文化宫的所在地还是一片野草丛生、满目凄凉的荒滩。1936年前后，这里成为了附近几家纱厂的艺徒坟地。天津沦陷期间，盘踞在西南方向新仓库内的日本侵略者经常隔着新仓库的护库河，通过高墙上的射击孔射杀无辜的路人，这里便愈发成了人迹罕至的荒凉之地。

　　新中国成立后的1950年，天津市园林处与渤海农垦局平整此处6.8万平方米的土地，开始合作经营，创办苗圃，繁殖刺槐，以用于市区内的园林绿化。1951年，经天津市政府批准，天津市总工会拨款百万余元，在绿化苗圃的基础上兴建了一座公园式的工人文化活动中心，并定名为"天津市第二工人文化宫"。

　　第二工人文化宫始建之时，即称今名。1956年，天津市总工会为了加强对文化宫的领导，将第一工人文化宫和第二工人文化宫合并，统称为"天津市工人文化宫"。1957年，第二工人文化宫曾一度恢复本名。1959年，两座文化宫再次合并，直到1971年，第二工人文化宫才又恢复了本名，并一直保持到今天。

　　1952年4月下旬，第二工人文化宫建设工程开工。一期工程是在平地上挖出6.67万平方米的人工湖，将海河水引入湖中，同时将挖出的大量黄土分别堆成了东西两座土山。同年7月，工程峻工，文化宫随即对外开放。正门面朝南向，坐落在光华路旁。此后，建设者们又在湖上建造了两座古朴典雅的汉白玉石拱桥和一座木桥，并在两座土山上栽种杨树、柳树和柏树，逐渐形成了花树掩映、满目苍翠的风貌。

　　1953年，第二工人文化宫的标志性建筑——大剧场开始施工建设。1954年，大剧场落成。工字形的大剧场整体上为砖木结构建筑，楼高三层，内有房屋55间，建筑面积达7142平方米。大剧场内，中间是剧场，两端分

— 新中国成立后的花园 —

第二工人文化宫前广场旧景

第二工人文化宫的标志——大剧场

别是大厅、办公室、舞台、化妆室和附属房间。整座楼内的装潢十分考究，水磨石地面、木质楼梯以及一流水平的舞台无不彰显着时代的印迹。剧场内共有上下两层1570个座位，均为皮质坐椅。

1954年1月中旬，第二工人文化宫举行了隆重的大剧场落成典礼。时任天津市委书记的黄火青同志亲自主持剪彩仪式，文化部领导周扬、田汉亲临祝贺，著名京剧大师梅兰芳先生还做了首场演出。随后，京剧表演艺术家马连良、张君秋、谭富英、裘盛荣以及评剧表演艺术家新凤霞、小白玉霜等先后在这里登台献艺。这些艺术家的精湛表演为第二工人文化宫的历史留下了浓墨重彩的一笔。

在大剧场建成的同时，第二工人文化宫游憩区内的东西两条园路和露天舞台也相继竣工，文化宫的风景游览区已初具规模。

1957年，在大剧场的西北方向建成了一座三层楼的图书馆，建筑面积1640平方米，有22个房间，藏书9.7万册。图书馆中还开设了职工业余学校和老年职工大学。

同样是在1957年，位于大剧场西侧的展览馆落成，其中包含一座1800平方米的展览厅。建成之后，展览馆经常举办国内外各种美术作品和优质工业产品的展览活动。1958年8月，在市委领导的陪同下，毛泽东主席来到展览馆参观，并高度赞扬了工人阶级伟大的创造精神。从1958年到1960年期间，刘少奇、朱德、李富春、杨尚昆、杨成武、邓颖超、康克清等国家领导同志曾先后来到展览馆参观、视察。

连接大剧场与桃花岛的人行桥

1967年，展览馆被中国人民解放军天津市支左联络站借用，经过改建后举办展览，时称"红太阳展览馆"。1971年，展览馆被转交给了天津市文化局，经过改建和扩建，总建筑面积达到了1.4万平方米，曾是天津市历史、自然、艺术博物馆合馆时的馆址；后来三馆分设，仅由天津市历史博物馆使用，直至21世纪初。

从1953年开始，第二工人文化宫就开始了大面积的绿化工作，栽种了桧柏、垂柳、国槐以及白杨等树木。在第二工人文化宫建成初期的二十年里，文化宫内共栽种树木2000余株。东西大道以白杨树为主，逐渐形成了高大的行列树阵；沿湖岸边栽植有垂柳和合欢；核桃、梧桐、泡桐、红枫、刺槐、龙爪槐以及灌木丁香、黄刺玫等分布于第二工人文化宫的各处。

大湖中央的桃花岛

— 新中国成立后的花园 —

供游人泛舟的园中水道

20世纪70年代，第二工人文化宫仅修建了小型展览厅和简易的游艺厅。从20世纪80年代开始，文化宫开启了大规模建设的步伐。园内逐步建成了篮球场、旱冰场、喷水池和游泳池，增添了碰碰车、小火车等娱乐设施，并将前广场翻修成了花岗岩材质的地面。1988年6月，建成了具有江南园林风格的九曲清风桥。桥上建有三座四角桥亭，可供游人在亭内小憩、纳凉或避雨，还可以观赏碧湖轻舟。

到20世纪80年代末，第二工人文化宫内的五条主干柏油路可以通向各个活动游乐场所。整座文化宫林木葱茏，景色怡人。透窗曲廊，独具苏州风情；亭桥花架，共造错落景观。湖畔垂柳婆娑，五座造型各异的小桥连接起所有的水上通道。湖上餐厅、招待所、小卖部等生活服务设施也已初具规模。

桃花岛北端的中式凉亭

1991年，天津市总工会在第二工人文化宫的东部投资建成了一座占地面积2.4万平方米、内设1.1万个坐席的工人体育场，可以举办田径、足球等大型赛事，各项场地指标已达到了当时的国际水平。同年，文化宫内还建起了一座具有一流灯光和豪华音响的小雨歌舞厅。1992年，第二工人文化宫又集资、贷款100多万元在其北端兴建了一座大型水上乐园，建起了一条十米长的滑梯和1000米的儿童嬉水池水上世界。

北宁公园中承载童年梦想的大象滑梯

曾经最高大的北宁公园中的长颈鹿滑梯

第二工人文化宫儿童活动区内体现20世纪80年代风格的铁制滑梯

20世纪80年代也是第二工人文化宫绿化工作突飞猛进的时期。文化宫采取了一系列的措施进行园林绿化，并对园内的古树进行了登记造册，予以重点保护。从1987年到1991年，每年都利用植树节进行义务植树。1989年，天津市政府拨专款50万元修建园林，种植了3000余株树木，并开始了树木的更新换代。此后的第二工人文化宫以法国梧桐为主，逐渐形成了乔灌结合、落叶和常青结合、高低层次错落的绿化布局。园内有花坛九处，约1500平方米，冷窖280平方米，暖窖120平方米，育花场地约5000平方米。有乔木成树约1100余棵，大中型藤本植物800棵，草皮6500平方米，名贵花木有槟榔竹、银杏树和鹤望兰等。

20世纪末的第二工人文化宫不仅是一处环境优美的城市园林，而且是一座向全市职工及其家属宣传优秀道德思想和开展文化娱乐活动的学校和乐园。通过各项活动的开展，提高了职工群众的政治、思想觉悟，使之在工作之余能够得到有益身心的文化娱乐消遣，同时达到陶冶情操、焕发精神的目的。每逢"五一"、国庆等重大节日之时，第二工人文化宫都会举行盛大的庆典活动，吸引着成千上万的天津市民前来游览、联欢。

2009年，第二工人文化宫被天津市政府列为环境综合整治重点项目之一，按照"简约、现代、都市、绿地"的设计理念，进行了全面的提升改造。通过对各个功能分区的重新整合，文化宫内划定了主题广场、城市绿色空间、休闲娱乐区、儿童活动区、健身活动区和湖面等多片区域。

— 新中国成立后的花园 —

桃花岛东南侧的九曲清风桥及四角桥亭

前广场修建了宽阔的花坛，里面种满了各色花卉。一度混浊的湖水又变得清澈透明，岸边修筑了亲水平台，并重建了游船码头。曾经建在前广场的劳模园被迁到了大剧场东侧风景如画的湖畔，占地面积1150平方米，并立有多尊塑像，成为人们缅怀过往、激励新生的标志。津工体育馆和津工网球馆也被粉刷一新。

通过堆土抬高工程，建园初期的两座土山被改造成了第二工人文化宫标志性的桃花岛和红叶岛。大批红叶椿树苗被栽种到红叶岛上，使广大市民今后不上香山就能欣赏夺目的红叶，不出市区也可把玩艳丽的桃花。

21世纪初的这次整修是第二工人文化宫大剧场落成以来的第二次大修。本着"修旧如旧"的原则，剧场原有的建筑特色均被保留。舞台进行了重新包装，突出了其纵深感的视觉效果。观众席增加了三排茶几坐椅，使广大观众可以随时根据需要按下开关，将坐椅靠背放下，改成茶几。

整修一新的第二工人文化宫，绿树成荫，湖水怡人；既保留了建国初期的时代风格，又添加了时尚科学的现代元素，重新焕发出了当年的风采与活力，已经成为了天津中心城区东南部的一处胜景。

中山门公园

在第二工人文化宫以东，与之仅一条津塘路之隔的便是大名鼎鼎的中山门工人新村，而中山门公园就坐落在工人新村的正中央。

1952年是建国初期国民经济恢复的第三年。随着经济状况的好转，天津市人民政府决定在中山门、西南楼、佟楼、吴家窑、丁字沽、王串场和唐家口等工业相对集中的区域新建七座工人新村，以解决广大工人群众日益严峻的住房困难。中山门工人新村是七个新村中规模最大的一个，最具代表性。

中山门工人新村坐落在月牙河西南、津塘路东北侧的区域内，与大直沽、郑庄子、娄庄子工业区相毗邻。此处原本是一片荒地，后在天津市政府的号召下，天津钢厂、国棉一厂、飞鸽自行车厂以及邮电等单位联合参建，最终建成了中山门工人新村。新村东北紧临京山铁路线（今津山铁路），东南至广宁路，西北至龙潭路，西南至津塘路，占地面积92万平方米，建筑面积16.45万平方米。

中山门工人新村的象征

20世纪50年代栽下的梧桐树

— 新中国成立后的花园 —

位于公园中央的仿古琉璃八角听风亭

出于对当时国家财政状况的考虑，中山门工人新村整体规划为苇箔草泥青灰顶的硬山木檩红砖平房。由于所处地段相对独立，没有穿越的交通线，因此整个中山门工人新村进行了规则式的布局规划。

新村共分为十二个街坊，每片街坊6至8万平方米；街坊中设置有若干房簇（单元），每个房簇都设计为由东北朝西南的格局；房簇中以横向的10或12间房屋为一排，纵向则成段，陆续建成了十二个段，也就是十二个街坊。每排房屋之间都留有适当的距离作为庭院和通道，房屋宽敞朝阳，采光充足。

工人新村的中心建有文化站、副食百货商场、邮政局、淋浴站、汽车站等公共服务设施，而中山门公园就坐落在正中央。

中山门公园占地面积2.44万平方米，建筑面积256平方米，是为中山门工人新村配套而建的。整座公园以中山门一号路为中轴线向东南和西北两侧扩展成较为规则的长方形。

花木错落分明的花海广场

公园东北侧入口处的花坛

公园里的林荫路

公园的中心有一座仿古的八角琉璃听风亭。西南门是公园的正门，入门处曾有一座大型的鲤鱼喷泉。公园东南部是儿童游乐区，有龙凤游艇、电动摇摆木马、升降小飞机、小火车等游乐设施。西北部则是老年人活动区，设置了多种形状的月季花坛以及松鹤延年的装饰。四角亭、假山、藤萝和海豚雕塑点缀其间。

到20世纪90年代初，中山门公园共植有乔木472株，月季花2030株，草皮8464平方米，绿化面积达2.43万平方米，覆盖率为99.8%。

中山门公园自建成之日起就成为了中山门地区各大中型企业近十万产业工人及周围居民休闲娱乐的好去处，而周围幼儿园和小学低年级的学生也把这里当成了春游的首选之地，从此也成就了很多人美好的童年记忆。

20世纪90年代末，承载了新中国产业工人近半个世纪峥嵘岁月的中山门工人新村终于迎来了提升改造的新契机。一座座高楼逐步取代了简易破旧的平房，中山门地区重获生机与活力。

— 新中国成立后的花园 —

八角亭南端的小型健身广场

位于公园西侧的晨醒园健身广场

随着居民住宅的升级换代,中山门地区的人口密度大幅增加,作为周边社区中唯一一处规模较大的公园绿地,中山门公园原有的设施和景观安排已经不能满足广大居民日益增长的需要了。为此,2009年,作为天津市"奋战300天"工程的组成部分,中山门公园被列入了2010年天津市提升改造公园的行列。

21世纪初的这次提升改造,以"健身、休闲"为公园的文化主题,重点改造、新建了"人工岛""健身广场""听风亭""花廊间想""临风观棋园""花海广场""晨醒园""朝花夕拾园""赏心园"以及"童乐天地"这十处景观,并细化分出许多小空间,努力为广大游园者打造多元化的健身休闲场所。与此同时,中山门公园内还建起了天津市第一座以工人新村为主题的博物馆——中山门工人新村博物馆,为曾经共和国的建设者保存一段历史,留下一篇回忆。2010年8月,整修一新的中山门公园正式对外开放。

唐口公园

1952年，根据天津市人民政府的统一设计和安排，在兴建中山门工人新村的同时，又在河东区京山铁路线（今津山铁路）东侧的一片荒地上建起了一座规模较小的唐家口工人新村。唐家口新村东临红星路，西南至张贵庄路（今津滨大道），西至唐家口一号路，北抵程林庄路（今成林道），共建有硬山木檩砖墙平房1329间，建筑面积达2.5万平方米。每12间房屋为一排，整个新村划为五段。工程竣工后，有千余户职工及其家属迁入了宽敞舒适的新村住房。

在建设唐家口工人新村的同时，1952年还建造了一系列住宅配套设施，其中就包括唐口公园。唐口公园坐落在唐家口新村的西部，正门位于唐家口一号路的中段。公园占地面积6646平方米，建筑面积105平方米。

位于唐家口一号路的公园正门

建园初期，由于受到客观条件的限制，公园内只放置了几个土花坛和两座花架，园内道路则是用焦碴铺成的。1972年，相关部门加大投入，对唐口公园进行了大规模的改造。

公园的中心设立了一座大型立体式花坛作为园区的主要景观。相关人员重新铺装了柏油路面，以达到"黄土不见天"的要求；加装了透窗式的围墙；新建了花坛、花架和一座八角亭；同时规划了公园内的功能分区，设立了儿童活动区，并安装了河东区妇女联合会赠送的儿童游乐器材。

20世纪80年代以来，唐口公园添加了五组别致的植物造型。其中尤以"二龙戏珠"最为生动，两条巨龙高低起伏，栩栩如生。位于公园南部的儿童游乐区内增置了漫游太空游戏船、电动摇摆木马、充气蹦床以及其他游乐设施。公园北部则为老年人活动区，增建了一座仿古四角凉亭，同时配有大型的和平壁画和藤萝。

位于公园西北角的仿古四角亭

— 新中国成立后的花园 —

经过持之以恒的精心养管，唐口公园呈现出一片枝繁叶茂、草美花香的可人图景。到 20 世纪 90 年代初，园内共有各类乔木 190 株，月季花 190 株，草皮 2976 平方米，绿化面积 5162 平方米，覆盖率达到了 93%，成为了深受唐口地区居民喜爱的小型特色公园。

2009 年，在天津市政府提出的"奋战 300 天"的市容环境综合整治工程中，本着"突出园林艺术，丰富四季景色，适宜观赏游憩"的原则，有关部门决定对中心城区的八座公园进行全面的提升和改造，而唐口公园就名列其中。

此次改造，首先拆除了公园内的违章建筑，然后按照"园林科普园"的模式打造新世纪的唐口公园。大力增加适宜天津本地生长的桃、杏、梨等花果类乔灌木的种植数量，用以满足游人在不同季节里的观赏需要。同时，进一步完善公园内的公共设施，增加便民座椅、果皮箱等"城市家具"，以提升公园的社会服务功能。园内各类植物的旁边都专门设有记录该种植物科、属、外观特征以及生长习性的说明栏，使游人在游览观光的同时增长一些自然科学知识，丰富游园的乐趣。

整修后的唐口公园于 2010 年夏季对广大市民免费开放，大大提升了城市的宜居指数和居民的幸福感。

20 世纪 80 年代设立的植物造型

公园中心的大型立体花坛

河西区

西南楼公园

西南楼公园坐落在中环线围堤道以南，西南楼四号路（今越秀路）与前进道交口的西北侧。始建于1953年，1954年5月1日正式对外开放，占地面积8500平方米。

西南楼本是围堤道和广东路交汇处及附近地区的统称，因位于西楼以南而得名。新中国成立以前，除北部地区有少量西楼村村民住宅以外，这里的大部分区域都是空地、水坑或坟冢。

1952年，天津市人民政府开始在西南楼地区大面积地兴建以段命名的横排状平房职工宿舍，到1953年建成，并将其命名为"西南楼工人新村"，此后又简称为"西南楼"。它也是20世纪50年代初兴建的天津市七个工人新村中的一处。而西南楼公园也就作为居民生活的配套设施被建设在了西南楼工人新村之中。西南楼工人新村的大部分区域最初都属于西南楼街道办事处，1963年，成立了四号路街道办事处，也就是20世纪80年代以后的越秀路街道办事处，而西南楼公园因所处的位置，也就被划入越秀路街了。

位于前进道的公园南门

— 新中国成立后的花园 —

从1978年开始到20世纪90年代，天津市政府进行了大规模的平房改造工程。曾经西南楼公园周边的砖瓦平房被改建成了五至六层的混合结构的楼房，并形成了众多人口密集的楼群、小区。各类商业、便民服务网点日趋齐全，文化馆、中小学、幼儿园等基础设施也十分完善，而西南楼公园更是成了广大附近居民休闲、娱乐最为便利的场所。

西南楼公园整体上呈长方形，园内设计采用了与和平区睦南公园相类似的中轴对称式的规则布

南门两侧的西式长廊

局。正门在公园的最南端，进入正门便是作为公园中轴线的园区主路，其中还布置了细长的花坛；主路笔直地延伸到园区北部的大型圆形绿植花坛之中。园区南部的主路两旁有四片规整的树丛，园区四周也整齐地栽植着高大的乔木。西南楼公园布局谨严，简洁明快，与工人新村的规划相得益彰。

西南楼公园的正门处是非常有特色的。出于丰富街景的考虑，公园面对前进道的正门采用一座八角亭作为入口，使公园与街道在空间上既有分隔又融为一体，非常别致。八角亭两侧则是西式花架式长廊，紧临围墙边的设计给人以巨大的视觉冲击，使人走入前进道就有一种进入公园的感觉。从公园内的布局来看，八角亭两侧的长廊还起到了沟通全园主环路的作用。

进入开放式的八角亭入口，迎面曾有一座圆形的喷泉，同样坐落在公园的中轴线上。两旁花木繁茂，景色怡人，规则对称的布局一览无余。

园内规则的布局

— 新中国成立后的花园 —

园中小品 —— 原木

园中小品 —— 折扇

园中小品品 —— 竹简

进入 21 世纪以后，天津市政府、河西区政府陆继对西南楼公园进行了升级改造。2003 年，作为全市公园"拆墙透绿"重点工程之一的西南楼公园改造工程全面竣工。2009 年，河西区市容和园林管理委员会又将西南楼公园打造成为了宏扬清政廉洁的主题公园——清风园，供游人在参观游览的同时，了解和学习有关廉政方面的知识，以营造廉洁文化的浓厚氛围。

进门处的喷泉被改成了一尊花岗岩石，上面镌刻着"风尚"二字，彰显出了清风园的特质。公园南部四片整齐的树丛中，刻意布置了许多精致的园林小品。诸如"静以修身，俭以养德"的纵剖原木、"非淡泊无以明志，非宁静无以致远"的折扇以及宏扬传统文化的"《论语》五则"的竹简都成为了西南楼公园中与众不同的亮点，是广大市民常常驻足观看的地方。

— 新中国成立后的花园 —

主题公园的标志

见证沧桑变化的高大刺槐

改造后的西南楼公园更加成为了附近居民休闲娱乐的场所，尤其深受许多老年人和少年儿童的欢迎。公园南部的花架式长廊上布满了茂密的藤萝，每逢夏季便吸引了许多中老年人到长廊里纳凉、聊天、唱歌、唱戏。公园内的空地上设置了许多石桌和石凳，参天的大树下还安装了防腐木质的转圈方凳，以供游人小憩赏景。

西南楼公园树木茂盛，巨树参天，具有很高的绿化覆盖率。布局上采用自然式丛植和规则化群植相结合的方式，既保留了古朴自然的风范，又起到了组织、分隔园内空间的作用，实现了全园景色的和谐统一，给人以舒适自然的美感。

公园北部的圆形绿植花坛被整修成了倡导廉洁、宏扬正气的"清风林"。林内树种繁多，林叶茂密，周围环绕着修剪得整整齐齐的绿篱。走近清风林，立刻会给人一种肃然起敬的感觉，顿时令人精神振奋。

儿童公园

河西区的儿童公园坐落在友谊北路与马场道交口的东南侧，占地面积3196平方米。这里曾是一座以儿童游艺器械为主的居民区内的儿童游乐园，21世纪以后被改造成了风格独特的街角公园。

2013年，河西区市容园林委员会对儿童公园进行了全面的改造提升，结合坐落其中的天津市文化产业示范基地——西岸艺术馆，将其定位为一座充满欧洲风情的综合性音乐主题公园。

在改造过程中，对原有的高大乔木予以保留，新栽种的植物则继续采用既有的栽植形式和微地形的处理方式安排、设计。同时充分考虑到街角公园的特性，在临近马场道、友谊北路和桃园大街的地带更多地采用花坛、绿篱和灌木的布局形式，而在公园的中部和东南部则以参天大树为主。这样的安排既可以确保街角视野的开阔性，又可以彰显公园景观的层次与变化，给人以新颖别致的感觉。

儿童公园保留了原有的儿童活动区域，并且扩大了活动的面积，增设了沙坑，对儿童游乐器械也进行了更换。同时，改建者还充分考虑到了其他年龄段的人群以及附近居民、商户对休闲、娱乐、健身、社交的需求，又分别划定了游览休闲区、健身娱乐区和游人休息区，并利用蜿蜒的甬道将其串联在了一起。

凉亭、喷泉、长廊和花木是儿童公园的四大特色。位于公园中央的铁艺凉亭是儿童公园的主景，亭高3.5米，是现代简约主义风格的作品，与不远处的仿哥特式的西岸艺术馆形成了鲜明的对比。与凉亭处于同一轴线上的是一座古典风格的西式喷水池，再向东南方向则是镂空的西式铁艺长廊，与绿色植物相搭配，既不遮挡游人的视线，又有闹中取静的意味，同时也体现了别致的欧式园林的情怀。

儿童公园在提升改造的过程中加大了栽植的力度，包括大叶黄杨、红碧桃、紫叶李、西府海棠、雪松、紫丁香、龙爪槐、金枝槐以及造型女贞、粉凤仙、勋章菊等在内，共有花木4.2万多株以及超过400平方米的草坪绿地。春夏之交，百花盛开，争奇斗艳，为儿童公园妆点了色彩，也为"五大道"风情区增添了许多情趣。

西式喷水池及中轴线西北端的西式凉亭

儿童公园入口处的西式铁艺长廊

— 新中国成立后的花园 —

整修后的儿童公园与艺术馆建筑相得益彰

佟楼公园

佟楼公园坐落在中环线吴家窑大街与贵州路交口的东南侧,整体上呈三角形,占地面积8300平方米。这里本是位于其东南部的佟楼百货商场前的一片林地,1960年被改建成了佟楼公园。

佟楼公园毗邻繁华的佟楼商业区,与佟楼百货商场、佟楼副食品综合商场、佟楼餐厅以及文化用品商店仅隔一条不宽的平山北道,因此佟楼公园也就成了到此购物的人们休息、游玩的场所,成了佟楼商圈不可或缺的一部分。同时,佟楼又是河西区北部重要的居民住宅片区,佟楼公园也就成了广大附近居民日常休闲、娱乐的地方。

佟楼公园采用自然式园林布局,园内设有假山、凉亭、长廊、花架和喷泉,还有若干雕塑小品穿插、点缀其间。假山古朴自然,曾有一尊巨龙雕塑盘卧于假山之上,颇有几份神采。

佟楼公园内花繁叶茂,绿树成荫,遮天蔽日。高大的乔木树冠相接,花卉、灌木株株相连,呈现出了林冠郁闭的美妙效果,能在繁华都市的中心出现如此自然的景象实属罕见。一进入公园,游人便可在周遭的喧哗声中顿时领略一份自然的惬意与美好。

佟楼公园还开辟出了专门的儿童游艺活动区和老年人活动区。儿童活动区内设置有许多儿童活动器械。老年人活动区内则出现了一个由业余京剧爱好者自发组成的活动场所。为了更好地为这些京剧爱好者服务,公园的管理者还集中建成了一批仿树皮的水泥桌椅,备受游人的欢迎。久而久之,佟楼公园的业余京剧活动变得远近闻名,而京剧也就成了佟楼公园的一张文化名片。为此,园方在公园北端立起了一座铁艺京剧脸谱像,成为了佟楼公园的象征。

大型脸谱象征着佟楼公园弘扬京剧文化的优良传统

21世纪初,由于佟楼公园周边商业区、行政区、居主区的人数众多,平日里游园的人流量也非常大。加之建园时间较长,这些因素直接导致了佟楼公园内的基础设施老化、破损严重,地面多处受损,给市民的休闲、娱乐、健身带来了诸多不便。为了给广大市民一个更加优质的游园环境,展现河西区园林的风貌,2012年,河西区市容和园林委员会开启了佟楼公园全面提升改造工程。

此次工程总面积达4900平方米,以提升佟楼公园的整体美观程度和全面绿化水平为最终目的,而改善地面铺装效果、改造树池和翻新花池是重点关注的项目。

在施工过程中,原有的混凝土地面被花岗岩石材所替代,部分地面还铺装了防滑、耐磨的烧面石材。为市民的健身、娱乐活动提供了更加安

石材地面与圆形树池形成了独特的景观

全的保障。不仅如此,设计人员还通过地面图案和色彩的差异对公园进行了功能分区,特别增加了舞池的部分,以满足跳舞爱好者的需求。

佟楼公园园内多参天的巨树,茂密的树冠下,游人穿梭于粗壮的主干之间,宛如小型森林一般。此次改造,设计者为每棵大树安排了一个深灰色光面石材的圆形树池,大大小小,与成片的树冠相互映衬,十分别致。同时,石材树池的边缘还安装了防腐木条,以供游人小憩。改造后的花池同样集美观大方、坚固耐用于一体,并能当做休闲用的凳子。

此次整修还重新油漆了铁艺京剧脸谱像,修复了园内的文化墙,突出了佟楼公园的文化特色,而凉亭、卫生间、园内路灯、木栈道等基础设施也得到了相应的整修和维护。

大型匿形花池

造型别致的防腐木座椅

雷锋主题公园的雕塑

在这次佟楼公园的提升改造工程中，河西区政府还事先在马场街先进里社区居委会举行了一次居民代表听证会，河西区市容和园林委员会以及马场街街道的相关领导听取了公园周边居民代表对公园未来改造提出的设想和建议，而在后来的实际施工过程中，如实采纳了诸如扩大儿童娱乐沙坑的面积、在卫生间西侧新开一条方便市民如厕的甬路以及在大门入口处增设排水井的建议，真正使居民平日的游玩更便利、更畅快、更安全。

改造以后的佟楼公园种植草花12000盆、月季花600盆、丹麦草80平方米，分栽玉簪花近200余株，各种花卉五彩缤纷、鲜艳夺目，有效地提升了公园的景观水平，为附近居民提供了一处优美舒适的休闲娱乐场所。

2014年3月5日，天津市委宣传部等部门与河西区委在佟楼公园举办了"践行社会主义核心价值观，共建美丽天津"的学雷锋志愿服务主题活动。天津市委领导同志出席活动并为已确定为雷锋主题公园的佟楼公园剪彩。从此，佟楼公园就成为了一个展现河西形象、宏扬雷锋精神的窗口。

彰显现代绿地精神的洞庭公园

洞庭公园

洞庭公园坐落在城防河以南的洞庭路上，占地面积1.47万平方米，建成于1978年，曾是陈塘庄工业区最初的一片公园绿地。

早在明朝天启年间，陈塘庄地区就已有零星的村落，古称"陈堂庄"或"陈唐庄"，道光年间始称今名，曾是海河之上重要的渡口。

20世纪50年代，天津市机械局、建材局、化工局、一轻局、劳动局以及电子仪表局等十四个局系统相继在陈塘庄地区建立工厂，遂使此地成为了河西区最大的工业、企业密集区，也是新中国成立以后兴起的市区南部重要的一片工业区。这里集中了冶金、机械、轻工、化工、纺织、电器、运输等行业中五十余家大中型企业，其中包括轧钢一厂、无缝钢管厂、起重设备总厂、第二冶金机械厂、大成五金厂、第四棉纺织厂、华北氧气厂、第四造纸厂等知名单位。工业区内还建有成片的居民住宅区以及相关配套的农贸市场、中学、小学以及医疗机构。

地处各大工厂、企业包围之中的洞庭公园在设计上以绿色植物为主要景观，园内建有花架、花廊，显得自然而幽静，堪称广大工人群众一处愉悦身心的场所。

2004年，洞庭公园全面整修完毕，曾经的灰色水泥围墙被拆除，取而代之的是一团团的绿色环绕在公园的四周。

在众多公园之中，洞庭公园的面积并不算大，但其所处的位置很是特别。它坐落在洞庭路的环岛之中，是一座长圆形的开放式街心公园。特殊的地理位置使得洞庭公园如同一颗璀璨的绿宝石，点缀在这片老工业区的滚滚车流之中。

林立高楼旁的绿洲

改造后的洞庭公园的园内设计也并不马虎，简洁而工整。公园的布局张弛有度，自然却也协调。在一片绿树之中开辟出许多小型广场，以供游人休闲娱乐。广场上零星散布着憨态可掬的十二生肖石质雕像，吸引了众多小朋友的目光。

园内甬路由不规则的彩色方砖铺装而成，或环岛而设，或纵横交错，通畅便捷。甬路两旁是鹅卵石带，将绿地与甬路巧妙地分隔开。甬路两旁安装了各种各样的长椅、长凳，以便游人小憩。

草坪中还设有西洋式的风车，这在其他公园中还是较为罕见的。如此风格迥异的园林小品点缀在公园之中，显得十分优雅而别致。

修剪齐整的灌木和规则的园路

— 新中国成立后的花园 —

大都市中浓荫密布的胜景

整齐的灌木气势雄浑

尽管没有参天古木，但洞庭公园的绿化同样是非常丰富的。公园内树种繁多，基本涵盖了天津市区内的常见树种。虽然不是遮天蔽日，却也是浓荫密布、郁郁葱葱。游人置身其中，定然会忘记周遭喧闹的车水马龙，尽情地体会这一份来自自然的赏赐。

规则的花坛集中布置在洞庭公园中心的广场上，既保证了居民在广场游玩时拥有足够开阔的视野，又能满足公园的绿化覆盖率，以确保夏天里的广场不会太过炎热。大面积修剪得整整齐齐的绿篱是洞庭公园的又一大特色，充分体现了规则布局的造园特色。这种源自于西方社会的造园手法被应用在现代工业区当中，从风格上来看也是十分默契的，彰显了当代社会快速、高效的时代特征。

作为一座处于特殊地理位置的小型生态园林，洞庭公园既颇具特色又低调内敛，充分体现了城市的设计者永远不会忽略现代城市需要绿洲的可持续发展的理念和初衷。

河北区

金钢公园

金钢公园位于三岔河口的东侧，金钢桥的北端，占地面积1.55万平方米。金钢公园因金钢桥得名，而金钢桥又称得上是最令天津人民怀念的桥。金钢桥本是一座浮桥，又称作"窑洼浮桥"。光绪二十九年（1903），袁世凯将浮桥改建成了双叶承梁式钢架桥。因其是钢结构，故被称作"金钢桥"，它是津门较早出现的铁桥之一。

不过，这座金钢桥的载重量不大，因此北洋政府于1924年在此桥下游18米处又另建了一座大型钢梁式新桥。新桥共有三孔，两边的孔为固定跨，中间的孔为双叶立转开启式桥身，用电力操纵吊起，开成八字，下可行船。这座新桥依然称作"金钢桥"。新桥建成以后，旧的金钢桥就成了便桥，1927年停用，到1942年，桥梁被拆除，只剩下了四座桥墩。1981年，为了缓解金钢桥地区的交通拥堵，有关部门又将旧桥墩整修加固，建起了钢架便桥，并与主桥共同使用。

20世纪90年代，金钢桥桥底钢板锈蚀，整体强度下降，几成危桥。于是在1996年，天津市政府决定改建新桥。同年3月动工，11月便建成通车，即今天横跨三岔河口、沟通红桥区与河北区的双层双拱形的新金钢桥。

与金钢桥相比，金钢公园的命运似乎更加波折。早在清同治九年（1870），李鸿章调任直隶总督兼北洋大臣。在津期间，他奉命筹办北洋水师，督办北洋海防，于是在老三岔河口窑洼浮桥的北部建起了一座海防公所，用来作为北洋海军的活动场所。

光绪二十四年（1898），慈禧皇太后和清德宗皇帝准备来津阅兵，李鸿章遂将海防公所改建成了太后和皇

20世纪初的金钢桥

建于1924年的金钢桥

— 新中国成立后的花园 —

20世纪30年代的天津三岔河口

三岔河口旁的直隶总督衙门

帝驻跸的行宫。不过,因随后发生了戊戌政变,这座行宫也就没有被启用。

光绪二十六年(1900),八国联军侵占天津,并将尚未使用的天津行宫用作了都统衙门的办公场所,对行宫建筑造成了很大的破坏。《辛丑条约》签订以后,八国联军陆续撤出了北京和天津。光绪二十八年(1902),直隶总督袁世凯从八国联军手中收回了天津的管辖权,撤销了都统衙门,并将原设在保定的直隶总督衙门正式迁到了天津,坐落在了河北行宫之中。

在随后的二十余年中,虽然天津的政权几经更迭,但这座行宫一直是天津公署的所在地。直到1926年6月3日,公署不慎发生火灾,曾经的天津行宫惨遭焚毁,只留下了一片废墟。

新中国成立后的花园

1928年，天津特别市政府在原地重建。这座国民政府的公署与先前的河北行宫风格迥异，是一座中西合璧式的园林式建筑。天津市政府分为前门区、办公区和花园三部分。

前门区即是后来金钢公园的所在地。宽阔的油漆大门，大门两侧各有一尊石狮和带斗的旌旗杆。东西辕门为漆红色铁栅栏门。迎面是高大的照壁，蓝釉瓦檐顶，白色壁面。

办公区大致相当于今天天津市第二医院的范围。周围是一丈有余的院墙，墙顶铺灰色圆瓦。院内从西南到东北为三排中国古典式的楼房，蓝色琉璃瓦铺顶的大飞檐，下有红绿色斗拱的椽头，红色明柱和窗框。楼内的大厅和房屋则为西洋风格。后楼则为官邸，另有便门与官眷居所相通。

直隶总督衙门内的花园

天津特别市政府公署大门

公署内的花园为规则式布局，十字相交的园路将花园分成了四个小的区域。花园的东南部有门与公署相通，门的两侧堆砌有高逾两丈而幽深的假山道。走出假山道，豁然开朗，有一处由花木组成的绿带围成的小片场地，作为游憩之所。花园内有一座高台阶的方形西式洋楼，台阶上有转圈式的明廊。洋楼两侧绿树成荫，并有一处纪念性的景观建筑。花园的西北部布局规则，用花坛、花畦和绿篱分隔开来。

1937年7月29日，日本侵略者集中轰炸了天津市政府和河北新区的军政要地，公署建筑和花园损失殆尽。

— 新中国成立后的花园 —

金钢公园始建于1949年11月,初称"河北新公园"。1951年,因公园紧临金钢桥而更名为"金钢公园"。不过,这座公园于1976年的唐山大地震中严重受损,面容全非。1980年,相关部门重修金钢公园,1984年全面竣工,正式对外开放。

公园东门的迎面处垒有一座造型逼真的假山。它总是吸引着大批的孩子上前攀爬,人一多起来,甚至还要排队等候。假山的左右各有一座仿古凉亭,而其中一座则是地震前留下来的旧物。山前绿树环抱中有一片小广场,山后的东南部曾设有专门的儿童游乐场,安装着秋千、荡船、滑梯、蹦床以及晃木等娱乐设施。

金钢公园园门

儿童游乐场附近还有很多摆地摊的商贩,小朋友们可以在这里玩套圈、镖打气球的游戏。公园的东北部有月亮门和粉墙,内有喷泉、长廊、花架以及茶社等建筑。喷泉池内曾有一尊"哪吒闹海"的汉白玉雕像,造型精巧,仪态动人。到20世纪90年代中期,金钢公园内共栽种有各类乔木423株,灌木613株,常绿植物149株,藤本300株,绿篱644延米,月季花700株,草坪2417平方米。

位于公园中央的假山

— 新中国成立后的花园 —

公园南端的仿古凉亭

公园北部的长廊

2009年，天津市政府开展了新一轮的市容环境综合整治工程，位于河北区的金钢公园也乘机进行了全面的提升与改造。在整体修缮金钢公园的过程中，河北区的相关部门做了认真的准备，精心规划、安排，始终突出"以人为本"的工作原则，并且坚持高水平设计、高质量施工，最终打造出了一座布局合理、特色鲜明的金钢公园。

重建于改革开放之后的金钢公园是一座充满现代气息与活力的街角公园，而紧临市级医院的特殊位置又使得金钢公园自身兼具了很强的休闲、疗养并且美化街区的功用。不仅如此，坐落在三岔河口之滨的金钢公园同样拥有厚重的历史底蕴，因此，在此次升级改造的施工过程中，相关的建设者承袭了20世纪80年代以来的公园布局，全面修缮了诸如园中假山、地震前的凉亭等已被广大民众熟悉的景观，留下了人们童年的记忆，同时充分运用各种花木、山石、水体、仿古凉亭进行有效搭配，重塑了大气稳重且具有现代简约风格的中式城市公园。

— 新中国成立后的花园 —

金钢桥的纪念模型

　　经过改造的金钢公园新建了一处生态木广场和一排文化长廊，明确并完善了主景区、健身运动广场、假山喷泉以及文化长廊四大园内主题区域，扩大了游玩群众集中活动的场所，同时将按比例缩小的建于1924年的金钢桥模型安放在了显著且紧贴地面的位置，并设立了说明石板，以便前来参观的游人瞻仰和欣赏。全新亮相的金钢公园基本上达到了一步一景的要求，为广大百姓提供了优美舒适的休闲环境，已经成为了海河沿岸景观带和中山路商业街共同拥有的一处怡人的风景。

位于公园北部的古色古香的凹形长廊

规整的布局和丰富的体育器械吸引了众多市民前来健身休闲

王串场公园

1951年年底,为了解决广大工人群众日益严峻的住房困难,天津市人民政府专门组织了调查班子,对各个局系统的工人居住状况进行了一次深入的调查研究,并最终在1952年由市政府统一征借土地,十九家单位投资兴建了七处工人新村。位于河北区东南部的王串场工人新村便是其中之一。

王串场地区本是一片地广人稀的农田、菜地、水坑和墓地。新村初建时,只称作"王串场第一新村"和"王串场第二新村",后来便统称为"王串场新村",占地面积124万平方米,总建筑面积达28.6万平方米。

当时的建设者,从解决工人迫切住房需要的角度出发,充分考虑到国家的经济状况,同时本着节约的精神,快速建成了美观整齐、宽敞明亮,横成排、纵成段的苇箔草泥青灰顶的硬山木檩红砖平房。与此同时,在新村中还建设了文化站、菜市场、淋浴站等居民配套设施,而王串场公园就正好位于王串场工人新村的正中央。

王串场公园有两座园门,正门在公园的西南侧,位于王串场三号路的中段,东门正对着王串场五号路与幸福道的交口。整座公园占地面积6.6万平方米,始建于1950年,1953年建成,正式对外开放。因其地处王串场工人新村之中而被命名为"王串场公园"。

王串场公园的正门曾由三根倒锥形的方柱构成,十分别致。进门迎面便可看见假山和喷水池,宏伟壮观,一旁的曲径藤架,别具一格。园内布局疏朗大方,错落有致,花坛、绿地、月洞门、花墙星星点点。另有四座凉亭和一座古色古香的凹形长廊。公园的东南部曾是游艺活动区,设有电动旋转飞机、电瓶车、充气蹦床、旱冰场、麻将厅、录像厅等众多娱乐设施。

王串场公园的绿植十分茂盛,树木高大且颇具规模。到20世纪90年代末期,园内共有乔木1003株,灌木474株,常绿404株,藤本2361株,绿篱1943延米,月季花596株,草坪7152平方米,绿化面积达到了3.98万平方米。

1993年7月,在王串场公园的西部建起了一座水上乐园。园区占地面积7500平方米,其中水池面积为1830平方米。池水深度为0.3至1.2米,由八座地下泵房推动池水循环,以保证健康卫生。池内设有两座成人水滑梯和五

参天的杨树是王串场公园的一大特色

道儿童小滑梯,供人嬉戏游玩。水上乐园还设有200平方米的更衣室。园内设有四座小桥,水泥路面达4000平方米。

在2009年天津市政府提出的"奋战300天"的市容环境综合整治工程中,王串场公园也榜上有名。与唐口公园一样,本着"突出园林艺术,丰富四季景色,适宜观赏游憩"的原则,有关部门对王串场公园进行了四个方面的升级改造。首先,拆除了公园内的各类违章建筑;其次,增加了许多娱乐健身器材,以充分满足附近居民休闲、锻炼的需要;复次,大力提升园内的园林景观,以丰富四季的景色;最后,对公园内的便民服务设施进行配套升级改造,并着力满足王串场公园应急功能的需要。

改造后的王串场公园强化了居民健身的功能,位于东门一带的游艺活动区被移到了园区的西侧,并在原地建起了一座羽毛球馆和国家级社区健身俱乐部,成为了王串场公园的新标志。

茂密的花木是公园深厚底蕴的显现

红桥区

桃花园

桃花园坐落在红桥区的东北部，勤俭道东端南侧，丁字沽北运河的西南岸边，蜿蜒十余里，东接河北工业大学东院，占地面积近1.3万平方米，是一座以观赏桃树、柳树为主的游憩性公园。

早在元代，北运河畔的桃花口就已是直沽地区远近闻名的风景名胜之地了。梅成栋《津门诗钞》所引《念堂诗话》中说："天津北三十里，地名桃花口。早在元朝就广植桃树，每逢腊尽春回，桃花盛开，飘粉流丹，香沁十里。"元朝末年，僧人成始终曾作《发桃花口直沽舟中述怀》，诗中说："杨柳人家翻海燕，桃花春水上河豚。"是有关桃花口最早的记载。

明清两代，北运河丁字沽、西沽一带的岸边有大量的桃树和柳树。每到仲春时节，桃花缤纷，柳絮飞扬，形成了一处优美独特的沽上春景。相传，清高宗皇帝听说早春江南的桃花盛开，极似诗人陶渊明笔下的桃花源，便乘龙舟急驶江南。回銮时，却发现近在眼前的天津桃花口的桃花竟然更胜江南一筹，又有"太平盛世，一年报两春"的祥兆，于是龙心大悦，提御笔为桃花口和白沙村做了一阕《点绛唇》，其辞曰："再见桃花，津门红映依然好。回銮才到，疑似两春报。锦缆仙舟星夜昞，辰晓情飘渺。艳阳时衮，不是重阳老。"并赐名"桃柳堤"，从此这里便成了津门的一处名胜。

桃花园的西北大门

— 新中国成立后的花园 —

桃花盛开时的胜景

　　这里尽管有传说的成分，但桃柳堤别致的景色吸引众人的目光却是不争的事实。此时，津沽漕运大兴，丁字沽和西沽附近开设了许多粮栈，富户云集，南北往来的文人学者也多荟萃于此。每逢春日，桃花盛开，柳枝染绿，潞河岸边，游人不绝，墨客骚人，吟诗作画，美不自禁，留下了"欲知春浅深，但看开花未""丁字沽边柳万条，青青一带锁红桥"的诗句。著名诗人查为仁曾作《桃花口》，诗中说："桃花半黄春半露，行人正到桃花渡。桃花渡口水漫漫，桃花渡外水尚寒。春风吹皱桃花水，水禽两两因风起。莫谓桃花犹未开，枝头抱满春光来。"清代中期的诗人崔旭在《津门百咏》中也说："风家茅屋名西东，见说桃花夹岸红。剩有一弯流水碧，桃花何处笑春风。"足见北运河畔的桃花胜景。

— 新中国成立后的花园 —

桃花园内布局巧妙的景观

光绪二十六年（1900）庚子事变，义和团首领曹福田大败西摩尔率领的八国联军，位于西沽的武库被炸，战火殃及北运河畔的桃花林，成片的桃柳毁于一旦。光绪二十八年（1902），北洋大学迁至西沽以后，校长冯熙令施工单位把本要贿赂他的钱用来恢复桃花林，明清两代的桃柳堤从此得以复现。此后，桃柳堤便成了同学们读书、游玩的理想场所，同时也成了当时天津最高学府的象征。《北洋大学校歌》中便写下了"花堤蕴蕴，北运滔滔，巍巍学府北洋高"的词句，桃柳堤一时成了津门的名胜。根据《天津志略》和《天津市概要》等文献的记载，20世纪三四十年代西沽村北洋大学的长堤上，遍植柳树、桃花，每当春晴晓日，游人如织，络绎不绝，山阴道上大有应接不暇之势；而初春到西沽一带观桃的习俗一直延续到了20世纪50年代初期。

1956年以后，随着天津城市的发展和建设用地的占用，桃柳堤被逐渐破坏，一时面目全非。直到改革开放初期，有不少人对桃柳堤的没落表示十分惋惜，并且投书报社，发出了"何日西沽复旧观"的慨叹。

20世纪80年代以后，天津市进入了住宅建设的高潮时期，红桥区城市建设指挥部组织相关单位在北运河西南岸靠近勤俭道东侧的区域综合开发了桃花堤住宅小区。从1982年开始建设，到1983年全面竣工。与此同时，为了满足居民群众迫切的文化需求，根据全市规划，建设者决定在桃花堤住宅小区东北侧的沿河地带新建一座中型公园"桃花园"，以此恢复天津历史上西沽观桃的胜景。

1985年，天津市政府把复建桃花园列入了改善城市人民生活十项工作之一。红桥区政府组织建筑、园林、美术等专业的技术人员和工人精心设计，紧张施工，仅用106天就全面建成了桃花园，并于当年的4月5日正式对公众开放。

桃树柳林间的和煦阳光之美

― 新中国成立后的花园 ―

重建后的桃花园，设计格局与海河带状公园相类似，依北运河堤而建，起伏连绵，步移景异。正门为牌楼式大门，门前有石狮一对，门上镶嵌有"桃花园"三个镏金烫字。进门迎面为"麻姑献寿"的石质雕塑，前行又可见"迎春洞"，穿过"园中园"便是"迎宾阁"。

迎宾阁的长廊与"龙亭"相连，亭内立有一座"桃柳堤碑"，记载了昔日清高宗皇帝观赏桃花胜景的史事与传说。龙亭旁有一座彩釉塑制的"五龙壁"，照壁的背后雕刻有"津沽逢盛世，长堤醉桃红。运河生春色，园中腾蛟龙"的诗句。五龙壁旁又有一尊"九龙泉"的喷水石雕，与对面的"二龙戏珠"遥相呼应。墙外便是"立春石"小品，水榭连着青水碧波衬托的荷花亭，清幽而宁静。堤岸上是"观桃台"，岸边立有一座建于1991年的"乾隆皇帝登临处"的石刻。

桃花园整体上采用中国传统的造园手法，以牌楼、亭阁、廊榭、山石造景，并充分运用雕梁画栋的工艺手法装饰仿古建筑，颇具典雅的古风。桃花园沿北运河西南岸沿堤植桃，循坡栽柳，广植山桃、碧桃、蟠桃、垂枝桃、寿星桃以及垂柳、各类乔灌木20余种、5300余株，蜿蜒成行，与园中的山石、曲径、水榭、亭台相互映衬。每逢仲春时节，桃花盛开，红粉缤纷，云蒸霞蔚，如火如荼，吸引大批游人前来，一览春的盛景，淋漓尽致地感受春的气息。从1990年开始，每年4月，红桥区政府都会在桃花园举办盛大的"桃花节"，成为全市居民瞩目一时的胜景。

浓荫蔽日的桃树林

桃花古树

西沽公园西南侧的大门

西沽公园

西沽公园位于天津市中心城区的北部，与北宁公园、水上公园和人民公园并列为市区内的"四大公园"。园区坐落在光荣道东端的南侧，东临北运河，西至红桥北大街，占地面积31.77万平方米，其中水域面积达6.67万平方米。西沽公园有三座园门，一座位于公园的西北角，地处光荣道与红桥北大街交口的东侧；一座位于园区的西南部，面对着红桥北大街；另一座位于公园的东北角，面朝着跨越北运河的北洋桥。

在历史上，西沽公园的所在地本是一片誉满津门的桃柳堤，其沿河一带的山桃、垂柳久负盛名。每到仲春时节，桃花缤纷，柳絮飞扬，红绿相映，香浮十里。曾有诗形容此处："迢迢七十二沽西，岸上飞花逐马蹄""丁字沽前柳万条，青青一片带红桥"。著名红学家周汝昌先生曾在诗中称赞道："帆影钟声七二沽，桃堤柳埭画难图。津门风物真无价，赏遍寰区总不如。"天津之所以有"小江南"的美称，也多半是因为西沽地区"满林桃花压黄柑"的盛景。

19世纪末，清朝政府曾将位于海光寺的武库迁到此处，作为官方存放武器的新仓库。不过很快就废弃了，此地被改成了菜园，因此又有了"武库菜园"的称呼。1937年天津沦陷以后，日本南满铁路株式会社将武库菜园全部侵占，改成了综合性农场，曾经的桃柳堤损毁严重。1945年抗战胜利以后，国民党政府接收此地，仍作为铁路农场使用。

— 新中国成立后的花园 —

新中国成立以后,天津铁路局接管了农场,并将其改为林场。1956年,林场由农村水利局接管,被改成了林木试验场的苗圃。1958年4月30日,天津市园林处接管了苗圃。同年9月,天津市建设委员会正式批准将此处辟建为公园。1959年7月1日,公园正式对外开放。因其地处西沽,便被命名为"西沽公园"。

西沽公园在开园之后,又不断进行施工,加以完善。1960年,园内建起了码头、石桥,重新铺筑了路面,并且添购游船、设置坐椅、安装儿童游乐器械,同时建成了一座游泳池。

公园北部南北走向的河道及茂盛的河畔植物

浓林密布下的长廊入口

到了1963年,西沽公园园内已栽植有各类树木五万余株,完成了6.67万平方米人工湖的建设,并且修建了花窖、花坛、各式亭桥以及大面积的草坪绿地。1974年,又建成了双曲拱桥,造型别致而夺目;远远望去,一架若置身于荷花之顶,一架若随行于小舟之上。1979年,又增建了一座曲亭桥,典雅秀丽,并与孤岛山相连。

西沽公园的土质肥沃,土层深厚,水源状况良好。平均地下水位2.5米,地面标高,最高为8.25米,最低为3.7米。全园以植物茂盛、种类繁多而著称。园内共有乔木、灌木、常绿以及果树等76个品种;其中乔木5400余株,常绿树3070株,花灌木1200余株。

园内的树木依地栽植，取势自然，乔、灌、常绿植物交插成林。公园西南门的南山、北山一带，有雪松片林、龙柏片林、桧柏片林和小片竹林。园内种植有被誉为植物"活化石"的水杉和银杏，有核桃、柿子、梨、桃、红果等观赏性强的果树，有观叶、观形的龙爪枣、龙爪槐、花椒、黄杨、皂角、卫矛和五角枫，有芍药、樱花等名贵的花卉品种，同时也有白杨、新疆杨、刺槐、垂柳、法国梧桐等高大的树木。有的乔木高达数十米，胸径70厘米以上，有的枝叶扶疏，冠形浑圆，冠径达十多米，十分壮观，绿化覆盖率居全市各大公园之首。

园区中部古雅的荷花池

西沽公园共有六个功能分区。文体活动区位于全园的中心，这里经常组织文艺、体育活动，接待不同爱好的游人。观赏植物区又分为海棠观赏区、紫薇观赏区、竹林观赏区、月季观赏区、水生植物观赏区、桃花观赏区。少年儿童活动区靠近西南门，这里有儿童乐园、鹿苑，还有自控飞机、飞车、碰碰车、电动火车等11种大型儿童游戏器械。

花圃区位于东北角的入口处，有花窖六排，其中温室814平方米，冷窖376平方米，培育各种花卉70余种，养植名贵花卉数千株。综合性花展室经常举办大型花卉展览活动，每年定期举办全市性的月季展、秋季菊展、春节迎春花市、正月十五花灯展以及阳春桃花节。这里的万年红、一品冠、大丽菊等享誉全市，第四十四届菊展曾获景点及二十七个单项一等奖。

金亭旁的静谧水道

— 新中国成立后的花园 —

荷花池旁设计巧妙的连升桥和连理桥

20世纪80年代以来，花圃职工利用乡土石料制作了数百件硬石盆景，闻名海内外。五件作品在全国盆景展中获奖，特别是其中的"鼓浪情"荣获了全国比赛的一等奖，许多盆景都曾在花圃区向游人公开展示。水上游乐区与花圃区相连，这里有标准游泳池1250平方米，水上游乐场2822平方米。水上游乐区设计新颖，有儿童和成人水滑梯各一组。池内有喷泉和鲤鱼戏水的彩石雕塑。每到夏季，每天接待游人近万名，是公园的一大游乐中心。休息区位于园内的孤岛山。岛上遍栽黄栌等常绿阔叶树木，枝繁叶茂，绿荫遮天；山顶有中式古典方亭，深秋时节，登上此亭，可以一览孤岛的红叶秋色，野趣自然。孤岛山四面环水，以曲亭桥、拱桥与外相连，十分幽静，是游人休息的极好场所。

为把公园的观赏功能与实用功能融合在一起，西沽公园逐年建设，先后修建了八座桥梁和两处涵洞。依水顺势建造的湖滨廊，迂回曲折，春夏之交，一面有月季花、牡丹花盛开，一面是湖水微波荡漾，堤岸垂柳摇曳，是游人休息的好地方。公园中心，观鱼廊、湖心亭、荷叶汀步隔水相对。园内水塘栽种莲藕，环塘石砌小路蜿蜒曲折，塘边建有白色小亭和水上厅、亭、榭。儿童游艺区新建了动物角，游人可在此观赏到活泼的小鹿、顽皮的猴子。动物角内树木葱郁，地面起伏，小径蜿蜒。这里四面环水，以拱桥与外相接。新修建的园林小品在突出植物景观的基础上起到了画龙点睛的作用。

园区东南部的河畔垂杨

园内人工湖环绕着中心岛，同时配有游廊、花架、三角凉亭、滨湖水榭和长廊等建筑。湖中还饲养各种鱼类，以供观赏、垂钓。湖畔遍植杨树、柳树、国槐、丁香、木槿等各类乔、灌木。园区中部又建起了老干部活动中心——松园，北侧则开辟为5000平方米的花鸟鱼虫市场，并在西北角大门的进门处设置了一处用2400平方米花岗岩铺装而成的永乐文化广场。

西沽公园以原生态的自然景观为主要特色，同时又不乏高雅的人文环境和文化氛围。园内三季有花，四季长青，花团锦簇，五彩缤纷。高大密植的乔木遮天蔽日，常绿灌木、白玉兰林、果木林点缀其间。游人畅游园中，如同漫步于深山密林之中，五步一苍，十步一翠，自然之情，沁人心脾。幽静的林间小路，新颖别致的花架、游廊、凉亭、水榭，湖光潋滟，趣味横生。每逢盛夏酷暑，西沽公园内的温度总比园外低5℃以上，俨然天津市区内的一处避暑胜地。

湖边古柳

— 新中国成立后的花园 —

东南水道旁的垂柳岸

2009年，西沽公园同样被列入了天津市"奋战300天"的市容环境综合整治工程之中，拉开了21世纪全面提升改造的序幕。

通过提升绿化品质、丰富植物品种、整合完善基础服务设施等系列改造，西沽公园，这座具有五十年悠久历史的公园已逐步变身为一个具有鲜明运河文化特色和历史韵味的生态文化旅游胜地，为天津市的文化旅游景观再添新的亮点。

西沽公园改造的总体布局分为两大功能板块，东区为潞河文化景观游览板块，西区为公共服务板块。在改造过程中，红桥区政府充分保护了原有的植物、水系和设施，营造出了开放而静谧的生态文化景观。

按照规划，西站站区枢纽与西沽公园主入口之间将以两条新型有轨电车相连通，两条轨道中间是一条一百米宽的绿色长廊，北面是近两千米长的河岸带状公园——桃花园，从而连成近五千米的绿色生态走廊。建成之后，西沽公园将如同一颗绚烂的绿宝石，镶嵌在西站枢纽商业区之中。

南开区

南开公园

南开公园坐落在南开中学的西部,东临南开五马路,曾经的南开影院就坐落在与之一街之隔的南部。整座公园占地面积5万平方米,建筑面积835平方米。

早在明朝弘治初年,天津城东南角外就建起了一座赵家砖窑,曾在南开公园的所在地取土烧砖以供修筑天津城墙之用,久而久之,此地便形成了大坑。光绪四年(1878),直隶总督李鸿章在天津城西南角赵家窑以南兴建救助机构广仁堂,也就是今天位于南开五马路北段的天津市儿童福利院的前身。为此,当时的人们在既有大坑的四周继续取土以垫筑堂基,使坑的面积不断扩大。光绪二十六年(1900),八国联军入侵天津以后,德商汉纳根强占西广开的土地,成立了大广房地产公司,仍然在此取土,最终形成了26万立方米的大坑。每逢夏季,附近地区的雨水、污水都会流入坑内,天长日久,积水变浊,便形成了臭水坑,通称"四方坑",又叫"蓄水池"。

蓄水池是与墙子河(后部分改为长江道和南京路)、金钟河(今河北区金钟路和金钟河大街的前身)、赤龙河(今卫津河)并列的天津"四大害"之一,常年臭气熏天,夏季蛆虫繁衍、蚊蝇孳生,严重威胁着西广开地区居民的健康与生活。

新中国成立以后,天津市人民政府为了改善劳动人民的生活环境,发起了消灭排水"四大害"的工程。1953年,有关部门在蓄水池一带铺设了一定规模的排水管道,1954年将蓄水池填平,1955年在原地建起了一座公园,并于1957年正式对外开放。因其坐落在南开区,故被称作"南开公园"。

南开公园共有三座门,东门位于南开五马路,西门面对着广开大街,南门就是现在的正门,位于西市大街旁。从整体上看,南开公园属于南北对称式的格局,从东门到西门有一条从东南向西北方向的干道是园区内的轴线。

位于公园东部的休闲长廊

南开公园西市大街一侧的入口

— 新中国成立后的花园 —

保留南开公园旧貌的花坛与凉亭

　　20世纪80年代，南开公园内已建有假山、土丘、凉亭、喷水池、花坛、草坪以及曲廊等基本设施。同时，公园还以三座园门为核心，进行了四片功能区域的划分。东门片区突出自然风貌，以一组立体的山水壁画为主景。南门一带突出植物造景，以一株树高15米、树冠直径5米的孤植雪松为主景，道路两旁还栽种有西府海棠。每当海棠盛开之时，粉飘丹流，美不胜收。建在公园轴线上的喷泉是西门内的主景，前面以花坛作为陪衬，后面则是花卉展览大厅。道路两侧也植有刺柏绿篱，起到分割空间、引导游人的作用。公园的北部是儿童活动区，设有电动木马、宇宙车、电瓶车、云梯、滑梯、转椅等游艺器械。

　　南开公园树木成荫，花草繁盛，到处都郁郁葱葱的。园内共有树木40余种，近1.6万余株，草皮1200平方米。公园附近人口稠密，游人众多。平常日子里，许多人在这里练太极拳、踢毽子、跳舞、聊天、唱戏、下棋；每逢节假日，公园内还会不定期地举办武术表演、摔跤表演等一系民俗体育活动。随着南开公园的建成，公园附近又建起了大众浴池、南开影院等居民生活、休闲设施，成为了南开区又一处繁华热闹的所在。

2003 年，南开公园进行了建园后的第一次大修。公园的围墙被拆除了，园区南部建起了一座广场，人们可以在那里滑旱冰、跳舞。广场外增建了长廊，喜欢唱歌、唱京剧的中老年人都聚集在那里放松着自己的身心。

2016 年，天津市政府以迎办 2017 年全国运动会为契机，开展了全方位、全覆盖的市容环境综合整治工作。除了街景美化提升、城市环境净化、夜景灯光改造以外，"全运会"场馆周边的十七座公园也要进行提升改造，而南开公园恰好位列其中。于是，南开公园迎来了第二次全面升级改造的良机。

此次改造，一方面是对老旧、破损的设施进行更新换代，另一方面是强化南开公园的健身属性。

茂密树林间的木板栈道

位于公园北端的高台凉亭

在设施改善方面，相关部门大力加强了对公园基础设施的改造。其中重点包括对园区内排水管线以及电器设备的铺设、调试与完善，同时加装了公园安全监控系统，有效地提升了南开公园的智能化水平。此外，有关人员重新整理了公园内的土方，并利用新型石材重新铺装了公园广场和园路的地面，维修面积达到了 900 平方米。园内的三座中式仿古凉亭和 540 平方米的廊架也得到了相应的加固和粉刷。改造者充分保留了南开公园曾经繁茂的花木，移栽了许多新的苗木，强化了公园内的绿化成果，同时增设了许多景观小品，进一步美化了园内风景。

— 新中国成立后的花园 —

位于公园南部的正方形健身广场

环绕大半公园的健身塑胶步道

由于地处南开区的老居民区,早在建园初期,南开公园就聚集了众多居民在此进行体育活动。久而久之,健身锻炼便成了南开公园的传统和特色,尤其是在民族体育方面独具一格。

出于保护并发扬这一优良传统的考虑,同时结合迎接2017年"全运会"的宗旨,此次南开公园的改造,重点关注了园区内健身锻炼的功能,全民健身成为了南开公园的主打品牌。

公园内原本坚硬的地砖被铺装成了600余米适宜运动的塑胶步道,吸引了众多市民前来跑步、健身。同时,塑胶步道的沿线还设置了太阳能路灯,为习惯夜间锻炼的市民提供照明,同时还符合节能环保的理念。在公园内原有网球场的基础上,园区内又新建了三座羽毛球场、十五桌乒乓球台、一座笼式足球场、二十余台棋牌桌,可以满足广大市民各自不同的健身、休闲、锻炼的需求。

改造后的南开公园无论在观赏性方面还是趣味性方面都得到了有效的提升,实现了景观与游乐设施的完美结合,为市民和游客提供了一个休闲游览、强身健体的好去处。

水上公园

水上公园坐落在天津中心城区的西南部,东、西、北三面依次临水上公园东路、水上公园西路和水上公园北路,占地面积164.57万平方米,建筑面积1.7万平方米,其中水域面积为89.2万平方米,占全园的54.2%,是天津市区最大的、以水景为特色、以水上活动为主要内容的综合性公园,曾有"北方小西子"之称。21世纪改造前的水上公园共有三座园门,一座东门,位于公园的东北角,面对着水上公园东路;一座北门,位于公园的西北角,直对着复康路;还有一座便门,位于公园的东南角。

新中国成立以前,一些私营窑厂,如红光、隆盛、永兴、园记等曾在这里取土烧砖,久而久之便形成了许多坑塘洼淀,而其中最深、最大的一处就是水上公园的前身——"青龙潭"。每逢阳春、盛夏,坑塘洼淀中便芦苇丛生,水禽栖息,正所谓"三分芦花七分水",野趣十足。盛夏时节,还会有船户用游艇沿卫津河送游人到此处游玩、纳凉。1919年南开大学成立以后,青龙潭便成了同学们的游泳场所,各色游客也逐年增加,消夏游船曾多达三十余艘。1937年,日寇侵占天津以后,青龙潭日趋没落,到新中国成立以前,这里已是一片萧条荒芜的景象。

天津解放以后,市委市政府决定将青龙潭改建成公园,并于1950年8月26日开始动工修建。当时,全市的工人、干部、学生以及军人都曾来到此处进行义务劳动。建设者们最先修筑了公园北门外的复康

20世纪50年代的水上公园

水上公园旧影

— 新中国成立后的花园 —

水上公园鸟瞰

路，随后加宽、加固了东门入门处的桃柳堤，然后深挖东、西两座大湖，垫高、垫实位于桃柳堤北侧的一岛和公园中部的二岛、三岛的岛面，并在其上建造了具有自然风情的草亭和茅屋。公园部分建成以后，于1951年7月1日正式对外开放。因其陆少水多，故被命名为"水上公园"。

此后，水上公园又逐年进行了增修补建的工作。首先是继续向南推进，在三岛以南的中途岛上建起了大型花架，随即在公园的西南端堆成了九岛土山。1952年，又在水上公园的北部建起了400延米的长廊，建造了曾经的二岛竹亭和三岛方廊，在二岛西南方向填筑了著名的琵琶岛，并且修建了九岛土山山顶的八角竹亭和东门处的竹楼。1956年前后，公园的北部得到了重点开发，修建了阅览馆（后更名为展览馆）及其广场前的花坛和小品景观、大型喷泉、儿童小火车以及露天游泳场等工程。

从眺远亭俯视秋碧堂

水晶广场前的观鱼台

1972年到1976年期间，又陆续建造了湖心岛上的湖心亭和护岸，在二岛上建造了一座露天舞台和环湖长廊，在三岛上修筑了水上公园日后的标志性建筑——眺远亭，在东湖的西北岸边盖起了一座芙蓉餐厅，同时改建了东门。

1978年以后，水上公园又进行较大规模的建设，修建了四岛仿古建筑碧波庄，增建了桃柳堤上的亭、廊、台、榭等临水建筑，同时改造了北门和公园北部的喷泉水池。

水上公园的规划布局，是根据因地制宜的原则，并结合园区内水潭洼地众多的特点，充分利用原有的地形、地貌，运用了湖中留岛、岛中设湖，因势随形，以挖作填，垫成大片陆地和土山等方式，并且通过桥梁、涵洞以及园路将北部的展览馆、儿童乐园，中部的东西两潭湖水，南部的水湾以及湖中岛屿连接成了一个统一的整体。

根据自然特点和功能要求，水上公园可以大致分为五片区域。首先是位于公园北部的科普文娱活动区。这一区域以展览馆为中心，可进行多种科普文娱活动。儿童乐园居于该区的东端，临近东门，入门后向北行即可。这里曾设有全市最早且最为完整的儿童小火车，环行铁轨长达一千米。此外还有旋转木马、空中飞椅、浪卷珍珠等娱乐设施。

— 新中国成立后的花园 —

步入东门后的步胜廊

展览馆区域以南、一岛以西是一大片植物观赏区。这里采用群落式自然布局，种植有各种乔木、灌木、果树以及花卉。21世纪以后，此处又建成了一处盆景园。该园为苏州园林式建筑，是中国华北地区规模最大、展品流派最全的盆景园。园内建有气度恢宏的天舫楼，精巧雅致的畅雅斋、尺韵馆、三友斋、同坐轩、玉翠堂等仿古建筑，常年展出特色盆景、奇石以及书画作品。入园大门处静卧着一块形似神龟的巨石，被称作"龟寿石"。三友斋内还悬有一方汉代金丝楠木的匾额，上刻"壶天自春"四个大字，为扬州文人邓板哉先生的手书。这两件奇物堪称盆景园的"镇园之宝"。

休闲游览区是水上公园陆上文化的主体部分。东门入口处的一岛，一岛南侧的桃柳堤（又称"杨柳依春"），公园中部的二岛以及岛上的林荫文化广场、露天舞台和环湖长廊，三岛（又称"翠亭洲"）及其上的眺远亭，红莲岛、中途岛以及八岛和九岛共同构成了这一区域。各类植物、山石、亭、台、楼、榭，景观丰富，新颖别致。

水上活动区是水上公园最具特色的地方。这一区域由东、西两座大湖和面积较小的南湖组成，是开展多种水上游玩活动的场所。园区内曾备有仿古龙舟两艘、轮渡画舫两艘以及各种小划船550只。"三湖九岛"之间以各式桥梁相连接，自然和谐，情趣盎然。

此外，位于园区东南隅的四岛和五岛组成了水上公园内的园中园区。这里环境幽雅，自成天地。四岛建有一座颇具承德避暑山庄神韵的书斋式建筑——碧波庄。碧波庄占地面积1.57万平方米，临水而建，青砖灰瓦，古朴厚重，具有鲜明的北方庄园特色。庄内宜于吟诗作画，古风盎然，并立有一座由天津市百名文人书写的百寿影壁。如果是在傍晚登上碧波庄的畅心楼，近观水面如镜，远望绿树斜阳，美不胜收。

东湖南岸的叠秀廊

天津人耳熟能详的摆渡龙舟

五岛则建有一座别具异国风情的神户园。神户园占地面积1万平方米，主要建筑材料大多来自日本神户，园内的樱亭、松亭、石灯笼和园灯都具有典型的日本风格，堪称原汁原味的日本庭院式园林建筑。1989年，为纪念天津市与日本神户市结为姊妹城市15周年而建，同年10月正式对外开放。神户园的设计蕴含了神户市的布局。园中北侧的小山包代表了神户市的六岬山，南侧的湖水和亲水平台则象征着神户港，园中间宽阔平坦的草坪则寓意着神户市区。园中还立有一座建园纪念碑，上面镶嵌着1989年时任天津市市长的李瑞环同志和神户市市长的宫崎辰雄先生分别撰写的碑文。神户园的建立彰显了天津与神户的深厚友谊，同时也是中日友好的象征。

— 新中国成立后的花园 —

水上公园的标志性建筑——眺远亭

水上公园以水著称，以水见长，以水为特色，因此景区设计也以水为主题，组成了三个构图中心。

全园以三岛（翠亭洲）上的眺远亭为中心，亭高26.5米，砖石结构，绿琉璃瓦顶，是全园的制高点。随地势设有三层平台，可以使游人在三个不同的高度观览园景。若泛舟东、西湖上，或漫步滨湖曲径，从不同角度仰望眺远亭，又会呈现出风格各异的画面。

东湖景区由二岛、三岛、红莲岛、中途岛和四岛等临湖岛屿环绕而成，造就了幽静宜人的景色。西湖水面浩瀚广阔，宜开展划船、游泳、滑冰等活动，是水上公园动静结合的风景中以动为主的景区。

翠绿掩映下的安水桥

　　湖心岛是西湖景区的构图中心。岛居西湖中部，分大、小两座岛屿，以汉白玉拱桥相连，构成只有游船可至的水上景点。岛上设亭，一临水，一居高。小岛东南隅为荷花亭，临水而建，亭亭玉立。亭边几组山石，几棵垂柳，一池荷花。大岛北端筑有小土山，其上设重檐湖心亭。由亭北步石级而下，有近水平台。沿台饰仿汉白玉石栏杆，与湖心亭虽离若联，如浮于水际，又隐于绿丛。西湖沿岸临水、近水有滨湖半圆廊、游船码头、迎宾亭廊、琵琶亭。西湖南岸是松柏常青的九岛松涛岭。岭高约九米，为西湖边上的小丘山景。八岛上曾建有一座综合厅，它本是登瀛楼饭庄的旧址。这些坐落在西湖边上的景点以湖心岛为中心，组成远、中、近多层次的水上风光。

　　水上公园的土壤盐碱化，地下水位高，又未形成流动的水面，因此以耐盐碱的白蜡、国槐、垂柳等骨干树种为首要选择。园区以绿色为基调，随意境、有重点地布置不同色彩、不同形态的花草树木，构成百花盛开、浓荫匝地、霜叶满目、松柏映雪的四季景观。沿湖以垂柳为主，群植、散点，疏密有致。湖中栽藕植莲，丝丝垂柳悬浮湖面，与平展的莲叶、摇曳的荷花组成丰富的湖边景色。各岛屿的主要行道树分别以白蜡、国槐、合欢、法国梧桐、栾树为主。一岛、二岛之间的行道树白蜡、三岛道路两旁的法国梧桐都已颇具规模；碧波庄及一岛芙蓉餐厅附近的西府海棠花盛叶茂，松涛岭上的黑松、桧柏四季常青，儿童乐园群植的白蜡也已形成了绿色的巨伞。

　　1990年1月，天津市地名委员会同意并批复了由今晚报社推选出的"津门十景"，即"蓟北雄关""海门古塞""独乐晨光""三盘暮雨""沽水流霞""龙潭浮翠""中环彩练""故里寻踪""双城醉月"和"天塔旋云"，其中"龙潭浮翠"指的就是水上公园。此后，还在北门至复康路一段的水上公园西路的路口建造了一座题额为"龙潭浮翠"的牌楼，成为了中环线畔的一处特色景观。

2009 年年初，水上公园再次迎来了提升改造的契机。曾经高大呆板的栅栏被换成了 1.5 米高的低矮围栏，拉近了水上公园与广大市民的距离；围栏顶部的障碍也被去掉了，整座公园变得更加温馨可人。改造后的水上公园再次展现出了端庄秀丽的容颜，而"北方西湖、水上四季"的新定位则更加强化了她在百姓心中"天津第一公园"的神圣地位。

晚霞中的水上公园
焦距 300 毫米，光圈 f/8，曝光时间 1/160 秒，感光度 100，渐变镜

后记

Postscript

  自天津建卫以来，无论是中式传统花园，还是舶来的欧式花园，抑或是新中国成立以后的公园，都是伴随着天津这座城市的发展轨迹应运而生的。清代中期的私家花园因水而生、因盐而兴。在传统社会中，士、农、工、商的社会地位决定了诸多由盐业起家的豪富醉心于迎合文人雅士的品味，在造园风格上秉承江南园林的诸多理念以打造文化交流的场所，更是成为了当时身份的象征。而随着西方文明的冲击，天津的开埠，为这座城市增添了别具韵味的异国情调。具有浪漫主义色彩的英国自然风景式园林，强调轴线关系、规则化布置的法国花园和德国花园，具有宗教和政治色彩的大和公园和俄国花园，共同构成了近代天津公园体系的基础格局，也成为了我们这座城市的一笔宝贵财富。

  但是，随着时代的变迁和城市的发展，很多老花园已经在这片土地上消失了。为了挖掘、还原这段历史，我们查阅了大量的历史文献、资料，耕读了诸多诗画，认真领会前人的智慧和成就，力求将历史文化传承的魅力展现于世人面前。本书也凝聚了天津市城市规划设计研究院景观所诸多设计师的心血。通过对造园手法、建筑布局以及风貌、景观意境等方面的细致考证，他们用画笔复原了这些曾经伟大的园林，让读者可以更直观地感受到老花园的艺术成就。我们更要感谢天津古籍出版社的鼎力相助，正是他们孜孜以求的职业精神以及对这座城市的责任心，才可以将美丽的老花园再次展示在众人面前。